史料纂集

舜旧記第一

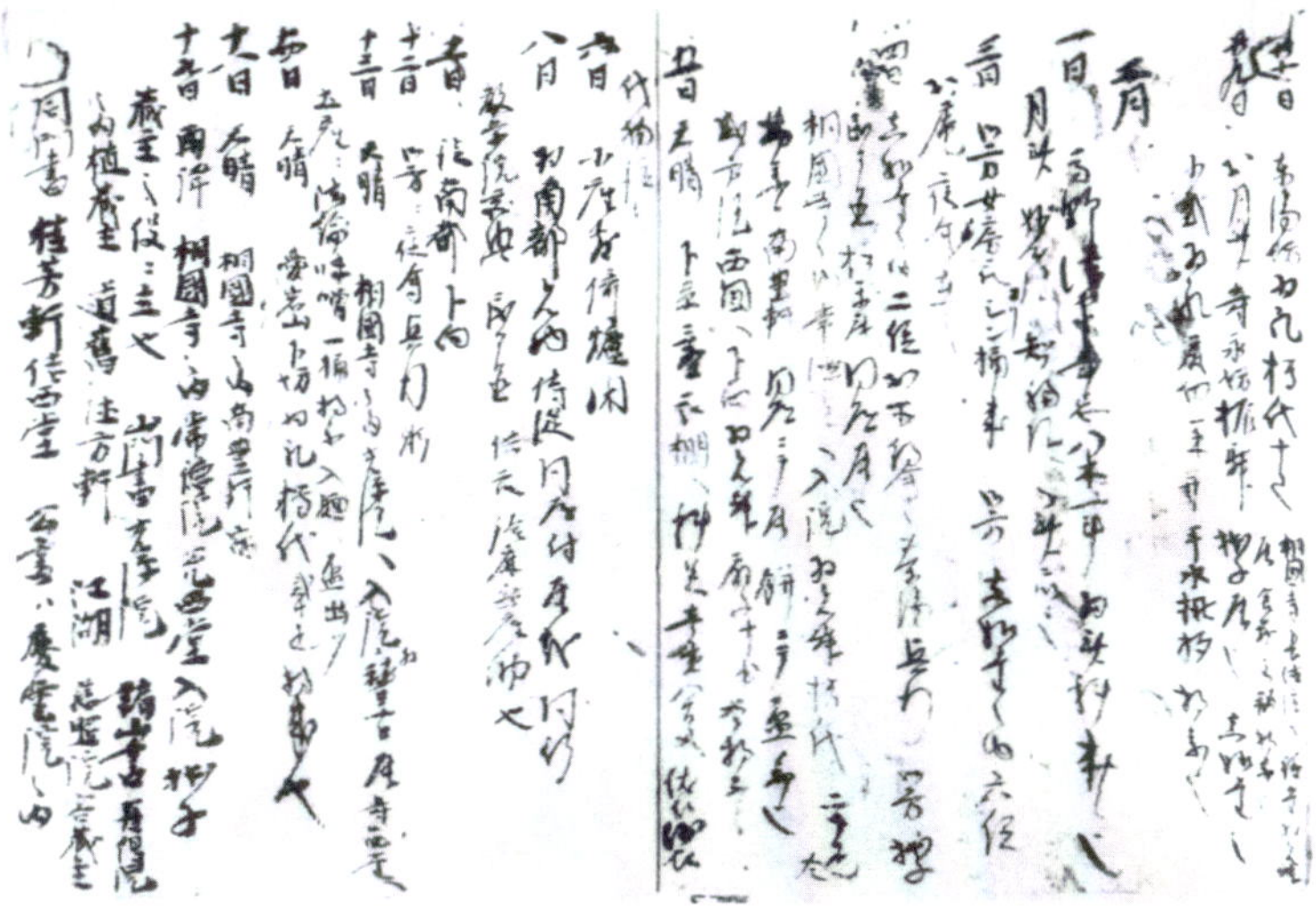

舜旧記　梵舜自筆　天正十二年

國學院大學圖書館所藏　原寸　縦二十三・八糎　横十九・二糎

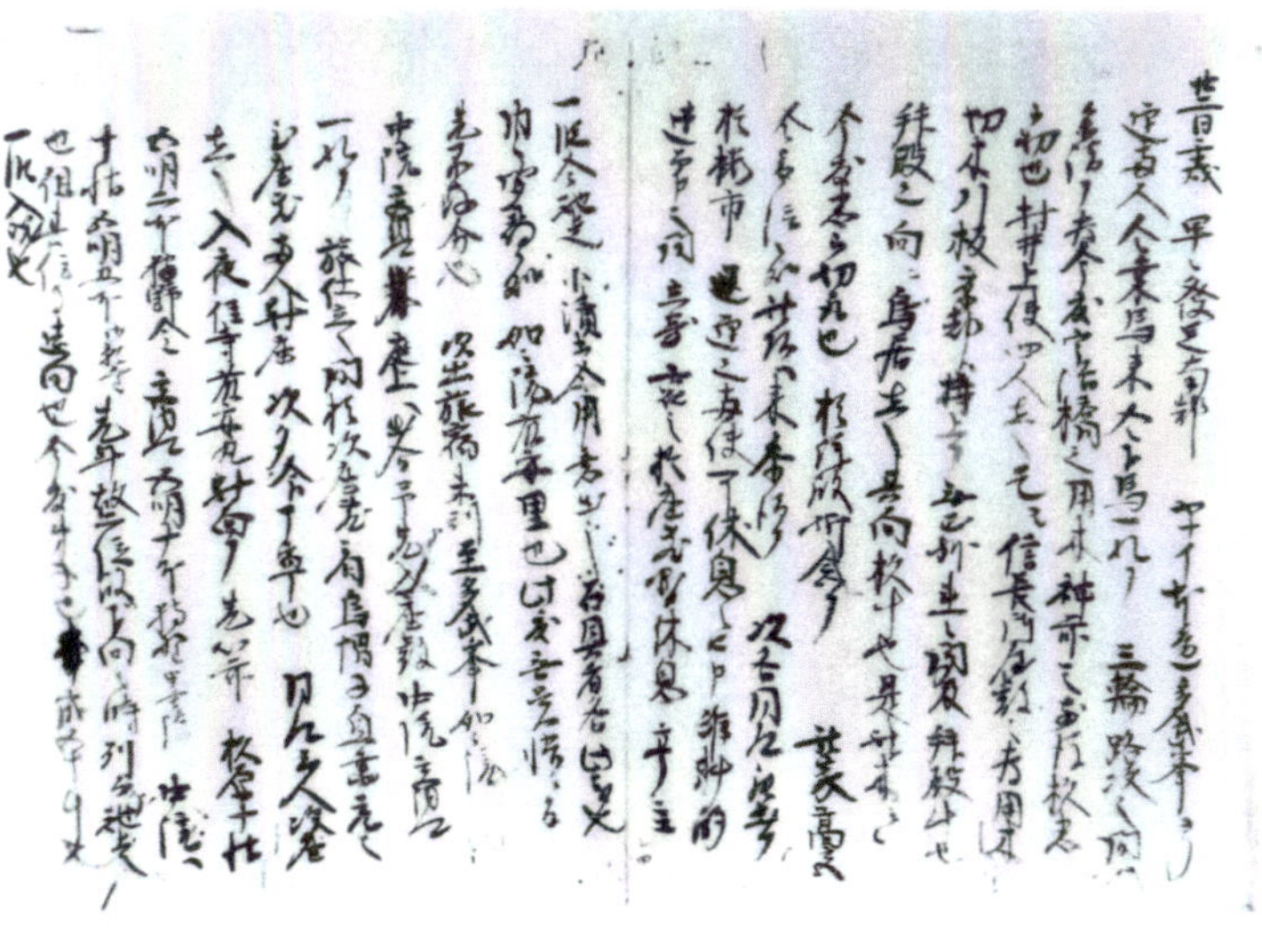

多武峯下向記　梵舜自筆　天正八年三月

國學院大學圖書館所藏　原寸　縦二十七・〇糎　横二十・五糎

凡例

一、史料纂集は、史學・文學をはじめ日本文化研究上必須のものでありながら、今日まで未刊に屬するところの古記録・古文書の類を中核とし、更に既刊の重要史料中、現段階において全面的改訂が學術的見地より要請されるものをこれに加へ、集成公刊するものである。

一、本叢書は、本會創立四十五周年記念事業として、昭和四十二年度より十箇年を凡そ五期に分けて繼續刊行する。本書舜旧記はその第二期に含まれる。

一、本書舜旧記は、卜部吉田家に生れた神道家・僧侶である梵舜の日記である。

一、本書は天正十一年より寛永九年まで存するが、缺落の部分もある。その寫本が京都吉田神社舊社家鈴鹿登氏家ほか、内閣文庫・天理圖書館・國學院大學圖書館などに藏されてゐるが、本叢書では鈴鹿家本を底本とした。本冊には天正十一年正月より慶長六年十二月までを收める。

一、校訂に際しては、本叢書では、その史料の特質、底本の性格・形態等により必要に應じて規範を定め、必ずしも細部に亙つて劃一統一はしないが、凡その基準は次のとほりである。

1　飜刻にあたつてはつとめて底本の體裁を尊重する。

2　文中に讀點（、）竝列點（・）を便宜加へる。

凡　例

3　底本に既に缺損文字を示す［　］また□があり、諸本によつても補充し得ない場合はそのまゝに記す。

4　底本にある「本ノマヽ」なる註記は、そのまゝに記す。校訂者によるママは（　）を付し區分した。

5　底本にある脱落部分で、他本により補ひ得る場合は、註を附し補入した。校合に用ゐた他本略名は次の通りである。天本＝天理圖書館所藏本、國本＝國學院大學圖書館所藏本、内本＝内閣文庫所藏本。

6　校訂註は、原則としてその右側に附し、底本の文字に置き換へるべきものには〔　〕、參考又は説明のためのものには（　）をもつて括る。

7　人名その他の傍註は原則として毎月その初出の箇所にのみ附する。

8　上欄に、本文中の主要な事項その他を標出する。

一、本書の飜刻に當つては、つとめて底本の體裁・書體を殘したが、次の諸點は便宜原形を改めた。

1　底本において日付・天候と記事とを改行する場合、しない場合があり不統一であるが、すべて改行した。

2　底本の細字を他寫本で普通に記す場合、また逆の場合があり、底本のなかでも同様の記事で日により異同があるが、すべて底本を原則とした。

3　底本に用ゐられてゐる異體・略體等の文字は、原則として正體に統一した。

一、本書の公刊に當つて、京都鈴鹿登氏・國學院大學圖書館は格別の便宜を與へられた。特に記して深甚の謝意を表する。

一、本書の校訂は、鎌田純一氏が專らその事にあたられた。併せて銘記して深謝の意を表する。

昭和四十五年　月

續群書類從完成會

目次

目次

圖版

舜旧記　第一

〔舜記　一〕

「（禮紙）
天正十一癸未年　日記
同十二甲申年
同十三乙酉年
同　廿壬辰年
」

正月

朔日、天晴、祝義〔儀、以下同ジ〕如例年、

柳原焼亡

一日夜半斗ニ上京、木下柳原町已下焼亡、在家百四五十焼失、
拙子元日之發句、
　梅々乃匂ことなる朝哉
二日、朝薄雪降、
月齋へ拙子礼ニ罷越処、左馬允・還竹、兩人及面談俳諧催了、
三日、天晴、

侍従兼治方の謳初

於御方(吉田兼治)謳始在之、拙子各參會、
四日、天晴、
大工新左衛門・太郎左衛門・橘左衛門、三人礼來、拙子對面盃下、葛川ヨリ、佐竹出羽守(義重)ヨリ、爲音信、炭五籠・五明一本、來、爲拙子筆一對返遣了、月齋爲茶湯「會」(底本ナシ、岡本ニテ補フ)、晩罷、同道妙心院・周起〔超〕、
五日、天晴、
如例年被官衆ニセチ也、
八日、雨降、
爲本所(吉田兼和)へ樽代貳十疋、女房衆へ經粉箱二ッ、祝義也、
九日、

南豊軒・年甫、來越也、因幡勘右衛門女房方ヨリ、妙修十三年佛事トテ、八木壹石・料足壹貫文來也、

十日、天晴、

唯神院年忌

唯神院（吉田兼右）年忌、本所ヨリ米一斗齋料來也、妙修十三年、爰許衆・同殿原被官八十人斗ノ御齋、令用意調也、

十一日、天晴、

拙子京へ爲礼罷出也、始而因幡勘右衛門へ、爲礼樽代貳十疋、同女房衆、經粉箱三ツ、中將へ紙一束遣之、

大風雪

十七日、夜大風、大雪降積、

同御方各若衆十人、拙子所振舞興行、

閏正月

二日、

三折齋、藥師、知〔智〕福院ヨリ來、

三日、
本所（吉田兼和）女房衆已下、爲祝義例年之振舞、

二月

九日、
加茂之三入齋へ茶湯會ニ罷越、
十日、
何羨庵江茶湯會、同周超同道罷越、
廿一日、
東陽坊（長盛）・六位、兩人茶湯會ニ來越、
廿三日、
本所（吉田兼和）・月齋・侍從殿（吉田兼治）三人茶湯會罷〔來〕越、
廿四日、
妙心院へ本所請待、同拙子罷也、

廿七日、
神恩院へ本所請待也、

三月

一日、

夜光物飛去

夜光物、二条屋敷ヨリ内裏馬場へ飛去也、

二日、
兵部少輔(吉田兼和)へ本所請待、拙子罷也、

八日、
本所ニ俄茶湯會アリ、月齋・周超・舜・還竹此衆ニ興行也、

九日、
本所ニ爲祝義、赤小豆飯在之、

十三日、
於松樂庵、兵庫助(鈴鹿久左衛門)、寺衆へ振舞在之、

十五日、
本所寺衆へ振舞、八条殿〔屋敷〕ニテ茶湯在「之」（底本ナシ、國本ニテ補フ）、無上惣へ手前ニテ在之、妙心院・周超・智福院・松樂庵・月齋・兵部少輔・少督・右馬允・還竹・觀音堂坊主、以上此衆也、
十六日、
於仙首座、妙心院へ振舞在之、
十七日、

清水寺參詣

清水寺へ參詣、同松樂庵・兵部少輔・了俊・靈山之衆、双林寺・長樂寺・圓山・智〔知〕恩院、此等見物也、
十九日、天晴、

日吉大夫勸進能

幸圓大三年忌ニ齋送也、同日吉大夫勘〔勸〕進能見物ニ罷也、
廿六日、
本所ニ風呂在之、
廿七日、

内裏にて能あり

大裏〔内〕ニ有御能、大夫ハ玄三也、
廿八日、

丹後藤孝祝儀

丹後（長岡藤孝）ヨリ祝義アリ、拙子所へも杉原十帖ニアサキノシ、（縮）ラ一端、為礼來也、

廿九日、大風、

本所へ祝義之為礼、鳥目二〔五〕十疋、遣之也、

晦日、

御方（吉田兼治）へ指樽一荷・肴・昆布十本・曼頭二十・コンニヤク三十、為御礼遣之、

十一月

二日、

當院井始ホリ、同七日成就了、

石以下、鹿谷郷・白川兩郷へ、令所望、在所衆ヲヤトイ取寄者也、各為馳走、水瓶送者也、修理進樽一荷、兵庫助ニヲ桶・樽、左馬允水瓶・同餅、喜助強飯一重、少將水瓶・鶏餅一重、竹松母水瓶、水口新九郎錫、孫六同ス、、右京亮ス、・餅、寺中ニハ仙首座ス、三ツイ、壽等樽一荷、孫兵衛樽、宗カウ・衛門、兩人、樽・餅、ホチス、、此衆樽送來也、

天正十二甲申

正月

一日、雨降、
於當院祝義如例年、
於佛前祝聖以下、爲拙僧一人咒也、重而當社へ參社祈念了、
妙心院・周超、爲礼來越、
四日、
於左馬允夜會興行、月齋・周超・松樂庵・拙子爲同道罷也、御方(吉田兼治)へ礼、樽代十疋、御女房衆へ經
粉箱三ッ、
五日、
於當院夜會興行、

六日、

於松樂庵夜會興行、振舞餅同飯、

七日、

於月齋興行、振舞在之、

唯神院殿(吉田兼右)神供、如例年奉捧之、

八日、

本所(吉田兼和)へ礼、本所へ貳十疋、樽代、御女房衆經粉箱二ッ、京へ礼、眞如堂住持へ、樽代貳十疋、少將扇子二本、東陽坊樽代十疋、少貳十疋、智源扇子一本、盛方院(吉田淨勝)へ扇子三本、女房衆へ筆二對、光源院筆三對、牧庵へ扇子一本、女房衆へ筆一對、西林寺扇子一本、

九日、

於妙心院夜會興行、

十日、

唯神院年忌

唯神院殿年忌、寺衆へ齋、

本所燒香、御女房衆礼布襪一本〔東カ〕、

十一日、

於當院御方各へ夜會興行、

十二〔五〕日、

十種香系圖香

於當院十種香并系圖香興行、

十八日、

本所へ振舞、本所兩人・御方兩人・御方乳人・中將・ツル・小宰相・小大夫・女房タチ、

廿五〔三〕日、

知恩院法事

智〔知〕恩院法事見物、

廿六日、

拙子道具九条以下始所持銀子一枚、悪錢壹貫八百文令所持所也、

廿七日、

東陽坊爲礼樽代十疋、相國寺長徳院〔得〕へ後堂爲見舞罷、食籠・水瓶、持參也、

十〔廿〕九日、

於月齋、壽〔藤カ〕永坊振舞、拙子罷也、

眞如堂之少貳爲礼、尻切一束、并手水柄杓持參也、

二月

一日、

高野法印年忌

高野法印年忌、米一斗爲齋料來也、

月齋・妙心院・智福院、御齋衆也、

三日、

御方(吉田兼治)女房衆ヨリシン桶來、御方・眞如堂之内六位、於庵、夜會在之、

四日、

眞如堂之内二位、於所、朝會之茶湯興行、御方・拙子・民部丞・松樂庵、同道罷也、

相國寺之内常徳院ヘ入院、爲見舞、樽代二十疋、令持參也、南豊軒同道ニテ罷、餅ニテ盃參也、

吉田浄勝西國ヘ下向

盛方院(吉田浄勝)西國ヘ下向、爲見舞、扇子十本令持參也、

五日、天晴、

下京三条衣棚ヘ、料足壹貫八百文、袋[袈]裟代相渡遣了、

六日、

小座敷倚爐閉、

八日、

南都見物に兼治らと行く

爲南都見物、侍從（吉田兼治）同道付罷越、同行教學院宮内卿・民部丞・供衆鈴鹿兵庫助也、

十一日、

從南都下向、

十二日、

御方ニ夜會興行、粥、

十三日、天晴、

相國寺之内光源院へ入院、爲稽古罷、壽西堂へ土産ニ、法輪味噌一桶持參、入麪ニ盃出ッ、

十四日、天晴、

愛宕山下坊、爲礼樽代貳十疋、持參也、

十八日、天晴、

相國寺之内南豊軒宿、

十九日、雨降、

相國寺常徳院兌西堂入院

相國寺之内常徳院兌西堂入院、拙子藏主之役ニ立也、山門書、光源院、諸山書、長得院之内植

藏主、道舊、徳方軒、江湖、慈照院客藏主、同門書、桂芳軒佶西堂、公書ハ慶雲「院」(底本ナシ、閟本ニテ補フ)之内、集首座也、當維那也、白槌ハ南禪寺梅谷也

廿一日、天晴、

六波羅蜜寺千部經

六波羅堂ノ千部經見物也、

廿三日、

雨降、侍從殿へ粥振舞、

廿六日、

内裏にて能あり

内裏御能在之、紫宸殿之前樓庭ニテ有ル也、於當院、妙心院・有庵・周超・月齋・周弥・宗圓、此衆點心之振舞在之、

三月

五日、

本所花見興行

於本所花見興行、各寺衆又ハ侍共一種一瓶御遊也、

六日、

禁中にて能あり

禁中御能有リ、

御方（吉田兼治）息女（長岡氏伊彌）始而誕生也、

七日、

拙子、御方爲礼〔祝カ〕樽代三十疋、女房衆へ遣也、

八日、

於清少納言殿（船橋國賢）、月齋死去也、

月齋死去

九日、

月齋へ香典貳十疋送也、

十四日、

妙心院へ本所請待也、御方・拙子・民部丞、松樂庵、此衆也、

廿日、

相國寺之内長得院へ本所（吉田兼和）爲音信、御方・拙子、同道申礼ニ御出也、

北野参詣

廿五日、

北野参詣也、民部丞同道也、

廿六日、

朝御方茶湯會在之、拙子・松樂庵、兩人也、

廿九日、

宇治茶見物トテ、本所就同道罷越、見物、山田宗好所ニテ、眞壺四ッ見ル也、拙子ニモ茶極上半袋、揃列江半袋、送也、

宇治茶見物

四月

一日、

拙子所ノ茶申付也、本葉二斤半在之、ナニカニ小斤在之、

五日、

御方女房衆(吉田兼治)ヨリ、杉原十帖、爲藥料給也、

八日、

月齋之月忌始ニ、齋ニマカル也、

十四日、

相國寺ヘ秉拂、爲見舞令出京、南豊軒ニ一宿滞留也、

相國寺秉拂

十五日、
秉拂、後堂ハ植藏主也、拙子令出頭也、
十七日、
清水寺參詣
清水寺へ參詣、
十九日、
松樂庵へ本所(吉田兼和)請待、拙子同道也、
廿三日、
本所茶會ニ當院へ請待也、同道妙心院・周超、同晩、侍從(吉田兼治)・兵部卿・民部丞、後會也、
廿四日、
妙心院へ本所茶會ニ請待、拙子・周超、同道也、
廿六日、
當院之屋禰ヲフク、又後堂、牧庵、爲礼來越也、
廿七日、
月齋五十日之在〔忌〕之、
廿九日、

晩侍従座敷開之會アリ、

五月

露ニ雨不降シテ、田地植也、

三日、

於左馬允、晩飯在之、

五日、天晴、

浄土寺之内、玄三所へ行、葛袋持参也、

九日、

左馬允姉所礼ニ行也、杉原五帖・筆三對、持参也、

十六日、

本所（吉田兼和）・御方（吉田兼治）・女房衆以下悉振舞御出也、

六月

十六日、
於当院、嘉祥之興行在之、

清水寺参詣

十七日、
清水寺へ参詣也、

十九日、
月斎之百ヶ日斎アリ、

鞍馬寺竹切見物

廿日、
鞍馬寺之竹切見物ト〆侍従(吉田兼治)同道也、

廿四日、
愛宕山へ代官参申付参詣也、

北野参詣

廿五日、
北野へ参詣也、妙心院・周超同道也、

去廿二日、
神恩院へ齋罷也、

七月

五日、
本所（吉田兼和）へ目出度事之爲礼〔祝〕義、樽・水瓶・索麵三把・瓜十、
十一日、
本所嘉例之目出度礼〔祝〕義ニ罷、樽代貳十疋、
十三日、
墓參也、
十五日、
日損ヨテ、浄土寺へ水所望シ、大塔之田地へ入了也、
十七日、
清水寺へ參詣也、「（底本ナシ、國本ニテ補フ）祇園之茶屋ニテ」妙心院・周超・松樂庵、此衆へ振舞也、

十九日、
白川へ水之爲礼、藤田源介所扇子二本、兵介五本遣之、同宗無所ニテ振舞也、
（稲垣定成）
穆齋爲礼來越、扇子三本、持參也、
廿八日、
當所北町燒亡、在家七間燒也、

吉田北町火災

八月

十二月

廿七日、
（吉田兼治）
侍從殿移徙、爲礼、寺衆樽代也、
惣殿原衆・中間衆迄、樽代也、予、侍從殿へ參十疋、御女房衆へ水瓶一双・昆布一把・豆腐十丁、遣之、
去十日、

唯神院十三年忌

(吉田兼右)唯神院殿十三年忌、爲佛事、予執行也、
寺衆・殿原衆ニ齋也、

天正十三年

正月

一日、朝晴、晩雨降、
當院祝義如例年、社参同シ、弥三郎扇一本、橘介柏原墨一挺、
二日、天晴、
彦竹扇一本、与一大豆袋、彦五郎茶一袋、
三日、天晴、
(吉田兼治)御方女房ヨリ、大徳利一ツ・唐腐十・柿一把、來、何羨庵・神恩院來越也、於小座、茶タツル也、左馬允所ニテ夜會興行、御方・拙子罷也、

四日、天晴、
侍従殿（吉田兼治）爲礼御出、樽代二十疋・扇子三本、スイ物ニテ酒在之、
五日、天晴、
當院被官衆セチ也、下京定忠入道來、長刀年玉トシテ持參也、左馬允・宮丸・眞木小三〔弥〕郎請待也、
宇治之内、山田宗好礼ニ來、土産ニ圓柿一袋・碎米二袋、持參也、スイ物ニテ酒、於小座敷、
茶振舞也、紅屋宗於礼來、茶在之、何羨庵同道也、

初寅

六日、初寅、雪降、
鞍馬寺、貴布祢明神へ代官參弥二郎申付、左馬允へ振舞ニ請待ニ罷也、
七日、天晴、
唯神院殿（吉田兼右）へ神供申付、備之了、
左馬允・民部丞、兩人ニ晩飯振舞也、
自祇園爲礼、山本大藏三本、中納言柿一把、持參也、
爲礼、盛方院浄慶樽代貳十疋、當〔到〕來、
節分、於當社太秡アリ、爲祈念予參社也、
黒谷之納所、周洞爲礼來、茶湯批杪〔柄杓〕持參也、又桶結之大工來、小桶一ツ、持參、返礼ニ扇子一本遣

之、

八日、雪降、

本所(吉田兼和)へ礼、予樽代貳十疋、女房衆へ輕粉二ッ、侍從殿へ鍋一ッ、女房衆へ輕粉二ッ持參也、

九日、天晴、

唯神院年忌

從本所、唯神院殿爲十三年忌、米壹石・料足壹貫文、下行也、

齋衆、本所之内衆・寺衆・殿原・トサマ(外様)衆・中間・大工・下部迄ノ齋也、

十日、

唯神院殿齋也、請僧紹俊布施十疋、遣之、本所女房衆爲年玉、帯クケテ一筋給之、

十一日、雨降、

月齋、いと御料人ヨリ筆一對當〔到〕來、

御方來越ニ付、夜花平餅振舞、

十二日、雨降、

南豊軒(周清)弟子玕侍者爲礼來越、扇二本、當來、

連歌興行

於御方、連歌五十句興行、智福院・周超・兵部少輔・内藏助・予罷、

十三日、天晴、

爲年頭礼、予出京、光源院扇子三本、南豊軒筆二對、盛方院貳十疋、女房衆柿一把、於宗杓〔於〕、茶振舞在之、西林寺柿一把、眞如堂住持貳十疋、東陽坊十疋、長慶カンナヘ一ッ、少將小刀、智源扇二本、宗悦扇一本、越後扇子一本、各ヘ遣之、

十五日、天晴、

黒谷之納所周洞カタヘ、爲年頭礼、予罷、土産ニ匂香二具〔具〕・竹盆一ッ、遣之、周超・何羨庵同道也、

十六日、天晴、

於當社、宮地山、百度、橘介申付也、

十七日、天晴、

禪林寺之内邦齋江爲礼罷、食籠・水瓶、遣之、同惠珎ヘ、小籠・水瓶、遣也、

侍從殿ヘ本所爲節來入、予罷也、

十八日、天晴、

出京、西林寺令音信、餅ニテ盃出也、禪林寺之内、邦齋筆二對、惠珎龍涎香一包、持來也、長慶シキシ一束・帯一筋、持參也、

十九日、天晴、晩雨降、

出京、侍従殿同道也、
廿日、天晴、

黒谷談義

黒谷談義聴聞也、
廿一日、天晴、
南禪寺紫玉庵、水瓶、持參也、
眞如堂之内東陽坊礼來、十疋・フクサ物一ッ、少將、照布・茶巾持參也、仙首座御影、繪師ニ書始、
廿二日、晩ニ雨降、
何羨庵ヘ茶湯會ニ、周超同道ニテ罷也、於眞如堂之内、六位ウス茶在之、不事也、音信也、於侍従殿、茶湯會アリ、民部丞、令同道也、
廿六日、天晴、
侍従殿茶湯會請待申也、同道民部丞也、
廿七日、天晴、
長得院超長老五十日齋アリ、一山衆也、予罷也、
廿八日、天晴、

祇園之梅坊・山本大藏大輔、兩人爲茶湯請待也、梅坊土産ニ貳十疋・杉原十帖、當〔到〕來、振舞、
初一汁一菜、後段ニウトン在之也、
大坂ヨリ、勘右衛門(因幡)女房衆ヨリ、爲音信、天上紙十帖、當〔到〕來、爲返報、筆三對、遣之也、祇園兵部卿ヘ誂之切紙書、帯一筋、遣之也、月齋之御料人いとへ、柿一把遣、等〔藤〕永房ヘ紙二帖・小刀一ツ、遣之也、
晦日、天晴、
有安軒、汁爲振舞罷也、

二月

朔日、天晴、
尊覺爲年忌米一斗來、小齋ニ智福院慶順來也、女房衆爲燒香御出也、
四日、天晴、
本所(吉田兼和)爲茶會御出也、同道周超・彦竹也、
九日、

長得院之植首座、爲年頭來越、扇子二本・唐火筋、持參也、
十日、
同長得院へ茶湯會罷、同道周超也（國本、周超同道）、
十五日、天晴、
盛方院浄慶へ、爲茶湯會ニ罷、兵部少輔令同道也、
十七日、天晴、

仙洞御所築地見物

新内裏、院之御所、築地在之、拙子令見物也、次何羨庵へ晩振舞罷也、同道周超也、
十八日、
築地見物也、
十九日、天晴、
神龍院殿（吉田兼俱）爲年忌米壹斗、本所ヨリ下行、神恩院・宗觀、兩人へ齋也、
廿日、雨降、
長岡玄旨（幽斎）へ爲礼、予罷、則菓子持參也、
眞如堂之内東陽坊所へ、夜茶湯會在之、侍從殿御出、予令同道也、次玄旨ヨリ茶湯之メンツ（面桶）・
茶巾洗當（到）來也、

廿三日、天晴、

侍従殿（吉田兼治）茶湯會ニ請待申也、同道松樂庵也、

十月

六日、

武士十一人昇殿也、

七日、

禁中御茶會

於禁中、關白（豊臣秀吉）御茶湯會アリ、主上江御茶進上會也、其外公家門跡衆御参也、

九日、雨降、

於内野神祇官、伊勢太神宮ノ祭事アリ、予令見物也、

十日、

伊勢江奉幣使、同名兵部少輔〔行〕也、

十三日、

皇太神宮正遷宮

内宮之遷宮也、

十五日、外宮之遷宮也、

豊受大神宮正遷宮

十一月

朔日、

三日、天晴、

本所（吉田兼和）江拙子所ノ壺ヲ切、振舞令（會）也、座敷衆本所・侍従殿（吉田兼治）・周超此衆也、

五日、

貴布祢之社江参社也、

十二日、

因幡堂薬師へ立願之願解、予於御前百度ヲ解、百度衆、予・周超・兵庫・右近・藤・孫四郎、後ニ智福院・兵部少輔、來而合力也、其歸ニ十四屋風呂、各令同道罷也、風呂屋女房衆へ、予十疋遣也、

廿九日、

近畿大地震

夜半時分ニ大地震良久シ、明日マテ如此也、近國之浦濱々屋〔之カ〕、皆波ニ溢レテ数多人死也、其後日々ニ動コト十二日間々也、

晦日、

同大地震、當東ニ如雷鳴響也、是夜半時分也、

去十一日、

仙首座ヨリ、予方へ譲状來也、判ニ筆モト、折節弥五郎來、爲見廻〔舞〕、

十二月

是月地震多し

一日、大地震、

二日、同大地震、

三日、同地震、

越後所へ、仙首座かき田ノ證文之事申テ、壽等・修理、兩人ヲ遣ス、間敷之返事申來也、仍是申事有之也、

四日、同地震、

五日、同地震、
六日、同地震、
仙首座死去、葬礼、眞如堂山へ移也、松樂庵ヲ頼葬礼儀式、眞如堂住侍、其外持僧來引導也、
同葬礼之入用トシテ米五斗・料足、松樂庵へ遣之也、
七日、同地震、
松樂庵へ爲布施五十疋、予礼罷、持参也、同小次郎小者ニ五十錢遣之也、同葬礼眞如堂山也、
同中陰執行也、コモリ僧一乘寺僧也、
八日、同地震、
眞如堂へ壹貫文、爲布施持遣也、
九日、同地震、
眞如堂衆、（國本、弔）予ニ來也、住持ヨリ貳十疋、長慶水瓶双・唐腐（豆、以下同ジ）二十、宗悦唐腐二十、智源引茶、二位（吉田兼和）住
持ヨリ名代也、同少將コンニヤク二十、送之也、
十日、同地震、
中陰之シアケ也、
十一日、

一乘寺僧へ五十疋・綿三十〆・木綿帷一ッ、持遣也、同水瓶・石飯〔赤カ〕・唐腐十五丁、遣之、小者ニ三十錢之遣、

禁中神道大護摩執行

本所(吉田兼和)、於　禁中神道之大護摩執行也、二夜三日御祈禱也、施物卅六石渡也、

十二日、雪降、

當院之「山、(底本ナシ、岡本ニテ補フ)仙首座墓立也、同堂」立也、何モ同日ニ立置也

十三日、

幸圓弟子、關東ヨリ上、ミヤケニ木綿一端送也、

十五日、

當院始煤拂也、

十六日、

内裏院御所棟上式

内裏、院御所之棟上也、予見物也、歸ニ南豊軒へ爲音信罷、折節酒次タマハル也、

十八日、

節分、於御方霄程令雜談遊也、

十九日、

立春也、

廿三日、
於當院、壽等振舞、妙心院・神恩院・松樂庵・兵庫助・予、令請伴也、
廿六日、
於妙心院、有齋也、
廿七日、
盛方院(吉田浄慶)へ金子借状、各状持テ行、御方(吉田兼和)令同道行也、予カウカイ一サヲ・杉原一帖、給也、
廿八日、

雲門庵より玄以へ参仕の書状來る

雲門庵ヨリ、屋地子指出、玄以(前田)へ参仕之由之書状來也、
廿九日、
三河屋ヨリ藥代ニ料足貳十疋來、

天正廿年

正　月

聚樂亭行幸

廿六日、
聚樂亭、　行幸、關白秀―（豊臣秀次）申沙汰也、

三月

秀吉京都を發し名護屋に向ふ

廿六日、
高麗國爲進發、太閤秀吉出陣、至九州之内肥前之名護屋城、越年也、

十二月

五日、
當院茶湯座敷作事、同十三日、相濟也、

吉田兼見兼治へ家督讓る

廿二日、
本所（吉田兼見）新亭へ移徙也、
同兼治へ家督相渡也、予兩殿へ樽二〔三〕種・唐腐二十丁・昆布一束・串柿一把、兩方へ如此、同肴礼也、

〔舜記 二〕

「(褾紙)
文禄五丙申年日記
六月十五日西天王神輿再興之事
」

正月

禁裏節會・小朝拜

朔日、雨降、早旦行水、次勤行、如例年、

次當社兩宮社參、次禁裏節會、小朝拜在之云云、次當院之被官各來、同在所衆、萩原民部少輔(兼従)十疋、鈴鹿久左衛門昆布一把、大工平次郎瓶二ツ・幷錫双・午房二把、小三郎母錫双、喜介女房同錫双、清心柄杓一ツ、茶杓一ツ、長滿母錫双、此衆持參也、

二日、雨降、

四方津クニ雨ヤウルホス今日ノ春、龍玄(梵舜)元日ノ發句也、

三日、天晴、
五日、天曇、
當院之被官者、如例年祝義也、有振舞也、次龍山様（近衛前久）江爲御礼、錫双・肴・昆布一束・唐腐十、同御新造江、料紙一束・樽代二十疋、進上申也、次御内衆、与兵衛尉（嶋田）へ、昆布五十本・扇五本、勝吉（嶋田）扇五本・樽代十疋、主水佑へ扇五本、遣之也、
六日、天晴、
立本寺之聖人へ礼ニ罷也、百疋・沈香五匁、持參申也、
當院之内、被官孫兵衛、例年祝義羹調上也、
彦竹齋、扇貳本持參、
七日、天晴、
三条衣棚町勝熊昆布一本〔束〕・唐墨一挺、持參來也、
八日、天晴、節分、
兩本庄〔所〕へ寺庵衆礼也、予樽代二十疋、御女房衆江輕粉箱五ッ、持參申也、
於當社太秡在之、予參詣申也、
九日、天晴、

(吉田兼右)
唯神院殿御齋料、八木壹斗、自新造來、
次壽等女房共始而來也、サシ樽一荷・カウノ物・昆布一把、爲希(ママ)來也、

十日、雪少降、
御齋衆守禪庵柿一把・大栗廿、持參也、
妙心院面甫・祖貞、各依相違此衆迄也、次本能寺衆利玄昆布一束、全隆坊串柿一把、持參也、予及面羹御酒勸之也、次於新造兩人衆へ晩之振舞在之、次新造同女房衆樽代貳十疋、之御礼也、爲御燒香入來也、次長滿丸、依爲元服、予方ヨリ袴肩衣一具・錫貳〔双カ〕・肴・昆布一束・カウノ物兩種遣之也、

十一日、天晴、
長滿爲礼來也、樽・肴兩種也、祇園之梅坊來也、ヲキカキ一ツ、持參也、

十二日、天晴、
醍醐山上之等圓坊來也、錫双・枝柿百・昆布一束・茶貳袋、持參也、晩之振舞申付候〔了〕、次浄土寺之新三郎筆一對、持參也、

十三日、天晴、
南禪寺之内、雲門庵住持仙藏主來也、錫・肴、如例年也、予及面、酒勸之也、

十四日、天晴、

祇園へ予礼ニ行也、壽等貳十疋・錫二色、同女房綿百目、娘ツルニ雑紙一束、遣之也、妙法院貳十疋、昆布一束、
梅坊朱善紙一束、松坊錫双・昆布、定林坊扇子一本、送之也、次阿野殿始而入來當院江、百疋之樽也、

十五日、

十六日、天晴、午刻過雨降、

伏見へ礼ニ越也、得門殿へ扇廿本、月齋へ貳十疋・扇五本、唐納豆桶・全阿弥へ昆布百本、加賀衆甚十郎へ貳十疋、
遣之也、次稲葉兵庫助〔頭カ〕殿へ指樽一荷・肴二色、同ハヽへ貳十疋、遣也、

十七日、雨降、

十八日、天晴、

清水寺参詣申也、依天気悪延引也、

十九日、天晴、

京都へ礼也、光照院殿へ輕粉宮五ツ、入江殿蘇香圓、盛方院(吉田浄慶)二十疋、同女房水引五把、光源院貳十疋、
柳原殿(淳光)扇子貳本、塗師定祖雑紙一束、實泉坊扇二本、此分之年玉也、

廿日、雨降、

本因坊二十疋、扇二本、來也、

北野参詣

廿一日、天晴、
上醍醐等因〔圓〕へ為礼罷、壽等召連也、奉書紙一束・サンクツシ木綿一端・錫双・午房五把、唐腐十五、弟子教圓へ
唐墨一挺遣之、
廿二日、天晴、
醍醐ヨリ歸也、
廿四日、雪降、
大藏少輔へ為見廻〔舞〕、錫双・食籠、令持参也、本因坊貳十疋、筆三對、遣也、
廿五日、天晴、
北野天神へ参詣申也、次觀音寺芳齋へ為礼、二十疋、遣之、神恩院、周超、本寺ヨリ西堂之由、
及暮予所へ申來也、稻葉兵庫頭ヨリ料紙三束、音信也、同ハヽヨリ昆布一把、
廿九日、
高野法印為年忌、米壹斗、新造之御女房衆ヨリ來也、

二月

一日、雨降、早旦予行水、
佛前之勤行了、次法印年忌齋之衆、妙心院・智福院・由甫房・祖貞、次午刻晴分、御女房衆、燒香、
二日、天晴、
本能寺之内、予礼ニ罷也、次勝熊所へ指樽壹荷・昆布一把・柿、遣之、次佐介方へ料紙壹束・小刀一ッ、遣之、次周〔自カ〕越音聞〔問カ〕之文ヲ聞也、
三日、雪大降、
於當院、萩民〔萩原兼従〕・由甫、兩人令興行、終日マテ雜談也、
六日、天晴、
於萩民齋ニ罷也、藤榮〔永〕坊爲礼、水引五把、持參也、次松波右衛門尉二十疋、爲礼來也、予一折令興行、
神籬にこもる色香や梅の花　重隆

宮居しつけき春の日の朝　龍玄（梵舜）
あさまたきしはしも鳥のさへつりて　同

九日、天晴、

建仁寺にて荘子講釋

建仁寺於十如院、雄長老（永雄）荘子講尺始、予令聴聞者也、

十日、

新造（吉田兼見）・本所（吉田兼治）・女房衆マテ、於當院、振舞也、

十二日、雪降、

十七日、

於本所、寺庵振舞也、

清水寺参詣

清水寺参詣、

十九日、

神龍院年忌

神龍院殿（吉田兼俱）年忌、自在所、米壹斗齋料來也、

廿五日、天晴、

伏見へ嶋津兵庫頭（義弘）、爲見舞罷越、予青銅百疋・扇廿本、遣之也、次家康江も音信申也、數刻及雑談罷歸、

廿六日、

依無量院殿年忌、神恩院へ予斎ニ罷也、當院へハ請僧一人呼之、

去廿三日、

一条寺惣社爲遷宮、民部少輔(荻原兼従)名代也、予取次之、

廿四日、

彼在所衆、爲礼來、予方へモ、壹貫、送之也、

一條寺總社遷宮

三月

朔日、天晴、

當社参詣申也、

二日、天晴、

浄土寺之内ニ而、嶋田与兵衛尉爲振舞、民部少輔(荻原兼従)・神恩院、令同道罷也、

三日、

節句礼如常、

六日、

武峯如々院幽齋(長岡玄旨)ヘ為礼來、當院ニ同月廿日マテ滞留、予方ヘモ五十疋之樽代也、
十四日、
於祇園、在所如々院江、予振舞令興行也、
十七日、

清水寺参詣

清水寺参詣也、如々院・神恩院、令同道也、
十九日、
於新造、乱舞之興行在之、
廿日、
於幽齋、茶湯會在之、如々院・予、兩人罷也、
廿三日、天晴、
於當院、立本寺上人振舞申也、
廿四日、
於萩原民部少輔、立本寺上人・予、兩人罷也、
廿六日、雨降、午刻過晴、
龍山様(近衛前久)・同新造御兩所、當院ヘ申入候也、龍山様ゟ貳百疋、同新造料紙貳束・五十疋、令拝領也、

四月小

朔日、雨降、
　當社予参詣申也、
二日、天晴、

五月大

三日、天晴、
　弥勒之川セキ申付也、
六日、
　幽齋（長岡玄旨）江振舞申也、請伴新造、
九日、天晴、
　大閤（豊臣秀吉）・御拾（拾丸・秀頼）始而入洛、

十三日、
參內、大閤御車、御拾一ッ車也、江戸内大臣家康乘車也、

禁裏にて秀吉能を催す

十五日、
於禁裏、大閤御能兩日在之、
十六日、
當社へ百度之祈禱、

清水寺參詣

十七日、
清水寺江參詣

六月小

朔日、雨降、
予當社參詣也、
二日、雨降、
龍山(近衛前久)樣江祇候申也、

三日、雨降、
立本寺聖人、本所父子(吉田兼見・兼治)其外寺庵衆江振舞也、終日遊也、和田酒盛・大織冠二番舞アリ、
六日、天晴、

莊子講釋

於建仁寺、莊子講尺ニ罷也、
七日、天晴、

祇園御靈會

祇園會也、予伏見へ、嶋津兵庫頭(義弘)江、菓子之折令持參、見舞罷越候也、
九日、天晴、
又一茶之ワキ茶申付候、
十四日、天晴、
幽斎(長岡玄旨)女房衆ヨリ帷サラシ一ツ、音信也、莊子講尺有リ、祇園会也、
十五日、天晴、午過ゟ雨降、申ノ刻晴ナリ、

西天王神事

西天王神輿、再輿アリテ神事也、予モ青銅五十疋、令奉加了、
十七日、天晴、

清水寺參詣

清水寺參詣申也、
十九日、雨降、

於民部振舞アリ、逍遙〔遊〕、令同道、

廿一日、雨降、

荘子講尺アリ、

廿二日、雨降、

於神恩院、有少齋、予參、

廿三日、雨降、

廿四日、雨降、

廿六日、天晴、

荘子講尺休聞也、

廿七日、天曇、

京都に塵埃如きもの降る

塵埃コトクナルモノ降也、諸人奇意疑ナス者也、山林田畠等之上ニ如霜降リ了、

廿八日、天晴、

龍山様ヘ令祗候也、御庭ニ藤花依咲、當座一首アリ、

龍山

夏なから咲てふ藤のはなかつら

千とせの宿をかけ「て」(底本ナシ、天本ニテ補フ)こそみれ
時しらて咲藤か枝の砌には
たゝしき神の榮へ成りけり　龍玄(梵舜)

去廿八日、
朝、三日月西方ニ兩並出云々、
廿九日、天晴、

七月大

一日、丙寅、天晴、
當院勤行如常、當社參詣如常、
二日、天晴、
三日、天晴、
四日、天晴、
五日、天晴、

六日、天晴、
民部宅齋ニ罷、予始參也、休庵三十疋、阿野殿百疋、女房衆ヘ杉原十帖・水引五把・差樽・肴兩種ニテ、來也、
七日、天晴、七夕、
逍遊、差樽・兩種ニテ、嶋田与兵衛尉ヨリ音信也、
八日、
九日、雨降、晩、
十日、天晴、
守禪庵爲布施、銀子壹貫目遣之、民部小〔少〕也、請伴也、
十一日、天晴、晩夕立、
本所(吉田兼治)例年之生見玉、祝義有、予二十疋・樽代、晩ニ於新造、本所ヨリ祝義、予爲請伴罷也、
十三日、天晴、
當院墓參也、
十四日、天晴、

先祖靈祭

靈祭也、六条本願寺燈樓爲見物參、

十五日、天晴、
於新宅例年之蓮ノ祝義アリ、
十六日、雨降、
十七日、天晴、
風流之躍アリ、黒谷普請小屋ヘ兩所了義也、
風流踊
十八日、天晴、
小三郎所江豆腐廿丁、右近七回忌音信遣了、
十九日、天晴、
廿三日、天晴、
三条衣棚町逍遊所江予罷、青帷、母江紙十帖、音信ニ遣了、民部令同道者也、
廿五日、天晴、
北野参詣申了、芳齋ヘ音信、次盛方院ヘ罷也、
北野参詣
廿六日、天晴、
神恩院ヘ燒香ニ罷也、
卅日、雨降、

閏七月小

朔日、天晴、
當社参詣申也、荘子講尺建仁寺罷也、及晩浄土寺御見舞申也、

建仁寺荘子講釋

六日、天晴、
荘子講尺アリ、

十日、天晴、
唯神院殿(吉田兼右)御齋也、守禪庵來也、予於神恩院秡アリ、

十一日、天晴、
於妙心院秡祈禱アリ、予罷也、

十二日、天晴、

京都大地震

大地震、子刻動テ數万人死、京中寺々所々崩倒之、第一伏見城町已下顛倒了、大佛築地本尊裂破了、
北野經堂・東寺金堂以下倒云々、

十三日、天晴、
内府家康爲見舞、予伏見ヘ罷越、路次町屋悉破倒了、於路次モ數度地震動了、京中男女至迄悉外ニ寝了、
十四日、天晴、
智福院にて夢想連歌興行
於智福院、夢想連歌興行了、予罷也、地震五六度、夜五六度モ動也、
十五日、天晴、
馬毛の如きもの降る
地震余波、五六度動了、同馬毛ノ如ナル物降也、不審奇特云々、
十六日、天晴、
地震同事也、三条逍遊來、料紙壹束・硯一面、持参也、
十七日、雨降、間晴也、
清水寺参詣
清水寺参詣申也、清水外廊地震故、及顚倒了、同地震同事ニ動了、
十八日、風雨裂〔烈〕、午刻過晴、
今日御靈會之事、所司代(前田玄以)与別當依有申事、延引云々、次於大東院、晩遊興行、予發句ニ而一折アリ、
引きとむか袖や小萩の花の露　龍玄(梵舜)

風も志つけき秋乃暮かた　半齋

十九日、天晴、

予伏見江越了、及夜雨降、

廿日、天晴、

廿六日、雨降、

新造父子・寺庵衆、請當院ヘ請待也、終日之遊也、

廿九日、天晴、

多武峯如々院來也、予帷一ッ持參也、地震不相果動也、

八月

朔日、天晴、日蝕八分虧也、巳午刻也、

如々院依滞留、當院祝聖解怠也、同當社兩宮江參詣也、

二日、雨降、

三日、雨降、

四日、雨降、

六日、天晴、

大風雨・洪水

午刻過風雨裂〔烈〕以外也、洪水及半夜出也、所々水溺死云々、當院門脇壁、地震破損故、加修理了、

七日、天晴、

當院普請也、白川ヘ脉罷也、

八日、天晴、

同普請也、

九日、天晴、

祇園ヘ脉罷《本ノマヽ》也、於梅坊在勸盃、當院普請大分相濟了、自新造中將碁盤予ニ給了、

十日、天晴、

唯神院〔吉田兼右〕殿月忌也、守禪庵來也、

十一日、

十二日、

十三日、

十四日、
十五日、天晴、
月明也、予十五夜之歌二首、
龍山（近衛前久）様江得御意也、月蝕云々
影ふかき竹の葉分のひまよりも
　光そ月の最中成りけり
名をそとに月もこよひは千里まて
　照や光りも久かたの客
十六日、天晴、
十七日、天晴、

清水寺参詣

清水寺参詣也、
十八日、天晴午刻ニ少時雨也、

御靈會遷幸延引

今日御靈會、増田（長盛）右衛門尉下奉行与（前田）玄以法印与依申事ニ還幸延引也、於伏見ニ及沙汰云々、
次龍山様へ御齋致伺候、終日滞留仕了、七首之有當座、
月前草花　　　　龍玄（梵舜）

秋はなを露にみたるゝ花の色をはらひもあへぬ袖の月影

山館窓竹

山かけは住てふかたの家居まて林たなびく窓の呉竹

此二首ハ懐紙也、奥之題五首ハ短冊也、

浦月

明石かた月に小ふねをさしかけて《こきゆけは》なかめにあかぬ浦の遠嶋

庭菊

幾とせをふかむる庭のませかきに匂もしるき露のしらきく

寄鏡戀

面影のうつる鏡にはれ《きえ》やらて袖もすかたもやつれこそすれ《しはしあれなむ》

寄帯戀

幾たひか神にいのりやかけぬらん契のふかき此常陸帯

旅行

はるばると旅たつ道のかさなりて分（ママ）もつくさし《せぬ》むさしののはら

右如新御點也、俄之儀ニ御催也、

十九日、
廿一日、
廿二日、
廿三日、
廿四日、
廿五日、天晴、

北野參詣

北野參詣、禪林寺之鐘鑄、於北野經堂屋敷鑄ル也、今日上之御靈會、神輿還幸也、今度於徳善院(前田玄以)、卅日之日數、自　禁裏被仰出相定云々、
廿九日、雨降、未之比ヨリ晴、
伏見へ爲見舞、内府家康へ參也、木綿五十本、持參事也、
晦日、

吉祥院村知行のこと申状

乍恐申上候事
一吉祥院村知行之儀、先年京都屋地子數年納來候、是ハ南禪寺紫玉庵買約之屋地子ニ御座候、證文數通御座候、京都屋地子之替地ニ吉祥院村之内ノ□ニ渡リ、戊〔戌〕年迄無相違納來候処、去年亥年極月ニ萩原于〔之〕由ニ而、此知行之儀合點無之候間、先吟味仕度可申由ニ而をさへ

申候、度々理り申処ことはやせつはくし候間、五月十五日過にまて我等願候由申、又吉田家來鈴鹿左京と申者申ニ付、延引申、南禪寺へ右之内、小齋米當年我等ヨリ小遣上候、又二月に成度々申遣之処、二月十九日、兼倶年忌ニ付、吉田処へ皆々寄合祝義申分にも成し間先我等ニひかへ遣可申由左京申之間申罷歸候、別左京口までをくりて出、我等ヨリ遣之由内々知行追付渡シ可申由申故弥御願候間、早々渡候へく申退出申候、其節追付、萩原所労故一日〳〵と延引仕候、剩七月より拙子進退之山下并田畠までをさへ候処、御かけにより諸事如前我等進退仕候様被仰付候、然処吉祥院村之知行事、今渡不申迚之儀乃越後守□被仰上此知行も無相違渡候様、被仰付候ハヽ毎年百性より參り候手形并南禪寺之請渡狀懸御目申候、

九月

朔日、天晴、

予當社へ參社、當院看經、依有客來解怠也、

秀吉明使に對面

今日太閤於大坂唐人勅使御對面与聞了、

二日、

三日、天晴、

四日、天晴、

建仁寺之内、十如院雄長老來也、栗鬚籠持參也、

五日、

六日、天晴、

於新造、京中碁打衆興行有、

七日、天晴、

當院手作田地苅也、

八日、天晴、

蓼倉藥師參詣、

九日、天晴

牧庵全齋へ茶巾二ツ、予持參申也、次光照院殿へ、栗鬚籠、致進上、御見〔舞〕廻申也、

十日、天晴、

唯神院（吉田兼右）殿月忌、請僧守禪庵、

十一日、天晴、

於新造、夜寺庵衆夜半過迄遊之催也、

十二日、

十六日、

百度の祈禱

於當社百度之祈禱、橘兵衛ニ申付了、

十七日、天晴、

清水寺參詣

近衛殿(信輔)若御所、薩州より上洛ニ付、予御見廻[舞]申也、持參菓子折、次清水寺參詣、

十八日、天晴、

日本書紀を近衛前久閲覧

自近衛殿召使ニ而祗候申也、日本記[紀]人皇巻二冊三[二カ]位へ被成御借度之由仰ニテ、翌日龍山様(近衛前久)
江持參申也、

十九日、天晴、

當院茶壺口切、尊靈江茶湯備申了、次新造・本所・寺庵入來也、及晩出京、人皇日本紀二冊龍
山様江持參申也、

廿日、雨降、

廿一日、

廿二日、天晴、

及晩、寺町之風呂へ、慶音人与同道罷出也、

廿三日、天晴、

愛宕山参詣

廿四日、天晴、

愛宕山江参詣申也、

廿五日、時雨降、

北野参詣

北野参詣、次盛方院ニテ碁興行、終日之遊也、予罷也、

廿六日、天晴、

於大東院、田樂興行、及夜雨降、

廿七日、天曇、

十月大

朔日、天晴、

祝聖當院如常、當社参詣、

二日、天晴、

三日、天晴、

東山龍山（近衛前久）へ令隠〔祗〕候、嶋田与兵衛振舞爲興行、

妙心院文慶西堂逝去、

四日、天晴、

於隠居（吉田兼見）新造茶口切寺庵衆悉參也、爲弔、妙心院へ五十疋、遣香奠也、

五日、天晴、

於新造本所茶口切興行也、寺庵衆參也、

六日、天晴、

民部少輔（萩原兼従）へ予齋也、

七日、曇、

祇園衆妙法院・梅坊・松坊・地下衆一兩人來也、終日之遊、

八日、天晴、

藥師塩立也、息齋・民部、兩人、茶湯座敷ニ而令興行也、

九日、天晴、

午過時雨也、午刻ニ東山於嶋田与兵衛有興行、予・民部、兩人罷也、予硯一面、持參申也、

十日、雨降、

大東院僧正へ茶口切、新造・本所・寺庵衆參也、
十一日、天晴、
江戸之穆齋(稲垣定國)子息音信來也、
十二日、曇、
吉祥院村之年貢三石來納也、
十七日、雨降、
十九日、天晴、
幽齋(長岡玄旨)・新造、兩人當院へ茶之口切ニ入來也、
廿一日、雨降、
八瀬之釜湯江、侍從爲見舞、樽、赤飯、一荷・肴兩種、音信申也、宗喜爲名代遣也、
廿二日、雨降、
廿五日、天晴、晩時雨也、
龍山へ御見舞申也、
廿六日、
廿七日、雨降、

慶長と改元

有改元慶長ニ也、兼而聴聞可申被整処依大雨不參也、
廿八日、雨降、
廿九日、
卅日、天晴、

十一月小

朔日、天晴、
當院祝聖如常、次當社參詣如常、
二日、天晴、
於本所(吉田兼治)、大東院・予、興行之振舞也、
三日、天晴、
午刻ゟ霰雪降也、予令出京也、
八日、天晴、

氏神の火焼

薬師之塩立如常、晩氏神「之」(底本ナシ、國本ニテ補フ)火焼、於新造祝義之餅在之、

十日、天晴、
唯神院殿(吉田兼右)月忌如常、守禪庵來也、
十一日、天晴、
南禪寺長松軒江、幽齋(長岡玄旨)女房衆、就引留、予見廻(舞)申也、花・指樽壹荷・唐腐十五・昆布二束、持參也、同三長老和尚へ貳十四、同歸雲院五西堂綿帽子、香一包、持參申也、溫麥振舞也、
十二日、天晴、
歸雲院、當院江午刻之振舞也、大東院相伴也、
十三日、
十四日、
十五日、
十六日、
十七日、雪降、
依如此、清水寺參詣延引也、
十八日、天晴、
小寒入、清水寺參詣、

阿蘇神社神主上京

十九日、天晴、
阿蘇宮神主入道來也、

智福院連歌興行

廿日、天晴、
於智福院、連歌百韻興行、
廿一日、天晴、
伏見越、小笠原小〔少〕齋息女（比丘尼）之儀ニ付罷也、
廿二日、天晴、
廿三日、天晴、
廿四日、天晴、
伏見ヘ重而罷也、

大佛の齋

廿五日、天晴、
大佛之齋、予爲名代、東山仙首座雇申也、
廿六日、天晴、
伏見ヘ罷越也、
廿七日、天晴、

庚申、

廿八日、天晴、

本所女房衆、入眼扱相濟也、

廿九日、

十二月大

一日、天晴、

當院祝聖如常、同社参申也、小笠原夕〔少〕齋息女比丘尼、光照院殿江申調相濟、龍山様（近衛前久）御新造夜中ニ而御供申、光照院ヘ御成、後、息女祗候也、

二日、雪大降、

唯神院殿（吉田兼右）廿五年忌、今月ニ取越之佛事料、米貳石・銀子壹枚、自新造渡也、

三日、天晴、

於松樂庵、晩茶湯興行、龍山様御内談義ニ而御成、今日月祈念也、

四日、

五日、天晴、
小笠原(秀政)入道來也、樽代五拾疋、
六日、天晴、
民部少輔(萩原兼従)宅江、予齋罷、午刻過大雪降、
七日、天晴、
八日、雪降、
九日、雪降、
唯神院二十五年忌
唯神院殿依為廿五年忌、地下南衆百性非時ニ召寄也、
十日、天晴、
寺庵・殿原・トサマノ衆へ御齋、今朝早天ニ鈴鹿兵庫助右正、於當院尊影御前落髪、予戒師、次松樂庵被剃也、至未刻御新造燒香、同女房衆孫子孫女五人燒香、香奠百疋、本所(吉田兼治)百疋香奠、及兵庫助入道、圓空爲礼杉原十帖・扇子一本、持参也、戌刻過、予方ヨリ、錫双・昆布一束、カウノ物二ツ、祝義遣也、
十一日、天晴、
十二日、天晴、

十三日、天晴、
正月事始米舂、
十四日、
十五日、
十六日、
十七日、雪降、
十八日、天晴、
當院煤拂、
十九日、天晴、
節分、
廿日、
廿一日、天晴、
花谷妙春大姉死去、眞如堂於山葬礼申付了、同住持之引導也、同於當院中陰執行了、守禪庵
一人籠僧、
廿二日、天晴、

廿三日、天晴、
於當院妙春親類共々少齋來之、則中陰相遂了、依月迎也、各親類共ニ遺物少々遣也、
〔廿〕十四日、雪降、
市左衛門女房ニ帷一ツ、遺物ニ遣、市左衛門ニ杉原十帖・貳十疋、遣之、同弥介ニ細布帷一ツ、遣、
廿五日、天晴、
祇園壽等方、錫双・唐腐十五・參十疋、遣之、同茶湯小釜、妙春遺物、遣也、
廿六日、天晴、
於新造、大東院・神恩院・予、三人朝振舞也、
廿七日、朝雪降、
當院正月祝義餅用意申付也、朝於由甫一人振舞也、
廿八日、雪降少、
於本所祝義之振舞有、新造・同女房衆・〔阿〕河野殿・予罷也、晩龍山様へ歳暮之礼ニ參、
廿九日、天晴、
壽等礼來、彦竹齋來也、新造江錫双・肴・唐腐十丁・柿二把、同女房衆江輕粉五筥、參也、
晦日、朝雪降、晩晴、

芳齋十疋、持參也、

〔舜記　三〕

（禮紙）「

信濃國善光寺如來御上事、

大佛於耳塚山五山衆大施食之事、

慶長二丁酉年日記

」

正月小

一日癸巳、天晴、

當院勤行如常、行水塩入、次當社兩宮參詣、喜三郎同女房、錫双・唐腐、持參也、羹・餅・酒、祝義申付也、次小七・同母錫双・唐納豆一包、持參也、祝義同前申付也、次寺内被官者共來、羹・餅申付了、次龍山様（近衛前久）御成、御樽・御肴・昆布一束・饅頭廿五、拜領也、嶋田「与」（底本ナシ、岡本ニテ補フ）兵衛三十疋、勝吉帯一筋、持參也、次祇園ヨリ常弟來也、錫双・鏡餅二重・柿一把、持參也、

二日、天晴、

彦竹齋來也、扇二本、

三日、天晴、

本所（吉田兼治）御女房衆より、樽・肴・柿一把・唐納豆貳袋、來也、

四日、天晴、

龍山様江御礼ニ祇候申也、御對面、四合錫・肴・柿一把・唐腐十三丁、寺御新造江料紙一束・貳十疋、進上申也、次兵衛尉（嶋田）江三十疋・生姜一袋、同勝吉料紙一束・扇三本、參也、山本江扇二本、新三郎扇一本、同明衆二本、送也、次唯神院殿（吉田兼右）御供料五升、右京氏方申付也、

五日、雨降、

於妙心院、慶音坊・夢相、至哥（本ノマヽ）〔連歌〕五十韻興行、

神恩院にて連歌興行

六日、天晴、

大東院へ、予・萩民部少（萩原兼従）、兩人振舞也、午刻雨降、祇園松坊錫双・唐腐、持參也、及晩、於神恩院、連歌一折興行、

七日、天晴、
唯神院殿（吉田兼右）御供致頂戴也、壽等方ヨリ十日之齋也、有音信、一倉炭四束、來也、次桶大工來、小盥持參也、
八日、天晴、
午刻雨小降、本所へ寺庵衆礼也、予本所江二十疋、御女房衆へ輕粉五筥、參也、餅・羹、勸盃之祝義也、次蓼倉藥師江塩立也、初尾十疋、捧之也、
九日、天晴、
唯神院廿五年正忌
唯神院殿廿五年忌、依爲正忌、予當日佛事執行了、爲音信如此也、萩原民部少輔唐腐廿丁・箕、大東院樽五十盃也、圓空樽廿盃・芋一箕・昆布一本、小七母樽廿盃、唐腐五丁、与三郎唐腐十丁、喜三郎唐腐廿丁、藤右衛門午房二把、松樂庵唐腐廿丁、宗春午房二把、孫右衛門唐腐十丁・錫双、少三郎主石見錫双・昆布十本、平左衛門錫双、清左衛門樽廿盃・唐腐、佐介唐腐十丁、小兵衛唐腐、修理進錫双、彦三郎唐腐十丁、孫右衛門女房午房二把・二十疋、由甫房水口新九郎黒大豆一升、三次郎母センヘイ三十・錫・唐腐、右京亮源次郎唐腐、三衛門大豆一升、市右衛門串柿一把、左京亮錫・唐腐五十、喜介二十疋・錫、善三郎・善衛門十疋、久左衛門（鈴鹿）十疋、清三郎十疋、右衆ゟ悉音信也、試〔誠〕尊靈御恩徳也、可仰、
十日、天晴、

早朝齋、寺庵〔殿〕・在原・外サマノ侍共カケテ四番座也、予一身之小志也、次新造兩所燒香也、予一身樽代二十疋也、晩卜也、者共非時申付也、

十一日、雨降、

於萩原民部少輔、中臣秡祈禱、予・由甫、兩人罷也、

十二日、天晴、

祇園之在所へ禮ニ罷也、妙法院江錫双・唐腐十五丁・カウノ物五ツ、納所ニ十疋、少貳殿二十疋、送也、梅坊水引十把、定林坊扇二本、壽等四人、錫・唐腐十五丁・貳十疋、女房衆厚紙二帖、輕粉三箱、ツル雜紙一束、遣之、非時之振舞アリ、梅坊帯一筋、遣、由甫坊同道也、午刻過雨降、

十三日、雨降、

十四日、天晴、

大東院十種香興行

伏見へ内府家康へ礼也、扇廿本、月齋江貳十疋・帯壹筋、善阿弥陀佛二十疋、遣也、於由甫朝秡之祈念在之、晩神恩院秡二百座、次於大東院夜十種香興行也、本能寺之内僧利玄房扇子二本、胡齋五兩、住光坊扇三本、持参也、予及對面振舞申付了、

十六日、天晴、

於當社百度祈念申付了、次京へ礼也、皮堂之住持へ錫双・唐腐十丁奈良漬三ツ、眞如堂住持へ二十疋、東

陽坊ヲキカキ一ツ、少貳料紙一束、帯一筋、宗悦茶巾、照布、盛方院（吉田浄慶）江二十疋、女房衆筆一對、光源院扇二本、案中法橋宇治柿一袋、扇五本、各へ遣之、

十七日、天晴、

清水寺参詣

六条天満へ山科殿宿所へ官位之事付テ三位使ニ越了、次清水寺参詣也、

十八日、天晴、

十九日、雨降、

二十日、天晴、

廿一日、天晴、

妙春月忌始、堂坊主人請僧也、次法然上人可爲御忌之由、新黒谷江聴聞ニ参了、

廿二日、雨降、

稲葉兵庫頭殿ヨリ杉原十帖・扇子五本・昆布二束・柿二把、音信也、

廿三日、雨降、

寺庵之衆御齋申入了、妙春卅五日齋、前日之志也、次祇園妙法院來也、三千疋、少貳唐墨一挺、同宿二人扇子二本、持参也、晩振舞也、

廿四日、天晴、

廿五日、天晴、
妙春卅五日之齋申付也、甥姪之親類者共召寄了、次北野参詣申也、芳齋貳十疋、年頭礼罷也、
廿六日、天晴、
上京道三、於宿所秘祈念アリ、予罷也、近衛殿豊心丹、一包進入申了、同光照院殿錫双・者〔肴〕・唐腐・昆布、進上了、白宿御屋へ御方ヘ雑紙二束・盃一ツ、参也、
廿七日、天晴、
杉原十帖・帯二筋、民部少輔（萩原兼従）取次元鑑ヨリ來也、
廿八日、庚申、
於當院、民少・平次郎・由甫房三人待〔請待カ〕了、
廿九日、天晴、
尊覺依爲年忌、米壹斗下行、
去廿二日、
下京三条下四条之間ニ、太閤御屋敷江縄張有果而御屋敷不出來、

二月壬戌

一日、
当院祝聖如常、同齋衆、神恩院・慶音房・智福院・由甫・松樂庵・民少（萩原兼従）、
二日、天晴、
神恩院同道申、龍山様（近衛前久）江祗候申也、
三日、雨降、
午刻過晴、風大吹了、松樂庵姉永玉死去也、
四日、天晴、
松樂庵へ二十疋、香奠遣之、
五日、
六日、天晴、
民少へ齋ニ罷也、
七日、
八日、薬師塩立、同参詣也、

九日、

十日、天晴、

唯神院殿（吉田兼右）月忌申付、守禪庵不參也、妙春大姉五十日請僧一人也、各指相ニヨツテ也、北野石塔へ參也、祖貞右同道也、同當院山庄ニ墓立了、同晩宗喜母十七年忌、佛事ニ非時寺内衆ニアリ、盛方院（吉田浄慶）料紙一束・二十疋、持參也、

十一日、

祇園妙法院來也、三十疋・樽代也、晩振舞興行也、

十二日、

十三日、天晴、

上醍醐等因〔圓〕坊へ年頭之礼ニ罷、杉原十帖・錫双・肴・唐腐廿丁・午蒡二把、弟子殺〔教〕圓小刀一ツ・扇子二本、小性衆扇遣也、次青蓮院門跡尊朝御死去也、

青蓮院門跡尊朝死去

十四日、

十五日、

十六日、

十七日、天晴、

清水寺參詣

清水寺參詣、平等坊筆五對、同少將豊心丹、常樂坊扇子三本、遣之也、
晩青蓮院門跡、於眞如堂葬礼、竹内門跡（良恕親王）燒香、
十八日、天晴、
神龍院殿（吉田兼倶）齋料、米壹斗本所より來、
十九日、天晴、

神龍院年忌

神龍院殿年忌寺衆齋之入來、今日民部（萩原兼従）、本所（吉田兼治）より蒙勘氣、累而在所去了、本所女房衆ヨリ料紙
五束來也、
廿日、
廿一日、天晴、
廿二日、
廿三日、
廿四日、雨降、
民少、家罷出也、
廿五日、
廿六日、天晴、

於神恩院有齋、無量院殿年忌、予無土庄〔産カ〕一袋備茶湯了、

廿七日、

廿八日、

廿九日、

卅日、

三月小

一日、天晴、

當院勤行如常、同社參詣申也、

二日、天晴、

三日、晩雨降、雷鳴也、

四日、天晴、

大東院・由甫、當院ニテ一折興行、

五日、天晴、

於大東院、予・由甫、両人朝振舞也、晩於神恩院、參宮之酒迎興行、慶音・祖貞、両人之義也、
六日、雨降、
松樂庵ニ齋アリ、昆弱廿丁、遣之、次祇園之内、妙法院ヘ罷也、由甫坊同道申也、サシ樽一荷、遣之、
七日、天晴、
八日、天晴、
藥師堂塩立如常、於妙心院、祈禱連歌百韻興行、
妙心院祈禱連歌興行
九日、天晴、
喜三郎參ニ付三十疋、遣之、
十日、雨降、申刻晴、
(吉田兼右)
唯神院殿月忌如常、守禪庵不參也、於大東院殿、新造父子・寺庵衆振舞也、誓願寺供養之前日予見物也、
十一日、天晴、
誓願寺堂供養、大覺寺門頭導師、三条六角堂ヨリ儀式云々、當寺再興大施主北御方佐々木京極女房ニ世安樂也、如此之額也、大覺寺門跡御筆也、(空性)
誓願寺供養
十二日、天晴、

壽等參宮ニ付、貳十疋、遣之、

十三日、天晴、

於當院、新造(吉田兼見)父子女房衆已下入來、本所(吉田兼治)女房ヨリ青帯二筋、給也、

十四日、天晴、

祇園之内壽等房、爲見舞錫双・赤飯・若布、相添遣之也、次小三郎母參宮付、錫双・赤飯、遣之也、

十五日、天晴、

妙心院にて連歌興行

於妙心院、慶音連歌百韻興行予罷也、

十六日、天晴、

十七日、天晴、

清水寺參詣

清水寺參詣、神恩院同道也、

十八日、天晴、

嵯峨釋迦像開帳

新造父子女房衆、嵯峨尺〔釋〕迦開帳付參詣、

十九日、雨降、

神龍院(吉田兼倶)殿月忌、齋坊主一人有、

廿日、天晴、

於當院、汁興行寺庵衆入來、

廿一日、天晴、

南禪寺歸雲院長老入院、予見物也、

公書大閤秀吉、山門書・詣〔諸〕山書・道旧書・同門書四アリ、江湖書略之、

高野大塔供養

今日高野大塔供養与之、勅使勸修寺殿（晴豊）・中山殿（親綱）、兩人也、

廿二日、

廿三日、雨降、

廿四日、天晴、

一乘寺之齋坊主守禪庵死去云々、妙春大姉位牌申付了、代三百五十錢也、

廿五日、雨降、

於新造、延喜式料紙製也、予三巻出、

廿六日、

廿七日、

廿八日、

廿九日、雨降、午刻晴、

盛方院(吉田浄慶)來、於當院振舞令興行、浄土寺、龍山へ祗候申也、

四月大

一日辛酉、雨降、午刻晴、

於盛方院、終日之碁興行、予罷也、

二日、天晴、

妙春百ヶ日齋申付、小兵衛・禪貞・又左衛門・同女房參也、阿弥陀經一巻供養、予書寫、

三日、天晴、

四日、天晴、

當院手茶申付之、左衛門女房煩給令《本ノマヽ》、付テ為祝義、双瓶・強飯一重、持參也、

五日、天晴、

翌日茶申付了、小泉太郎左衛門より雜紙十帖・竹編盃一ッ・堅苔《本ノマヽ》一折來也、

六日、天晴、

晩、於大東院、振舞興行、民少(荻原兼従)歸宅也、

七日、天晴、
八日、天晴、晩雨降、
藥師參詣塩立如常、祇園梅坊桶樽一荷、遣之、
九日、天晴、
於祇園梅坊碁興行、利玄坊、令同道也、終日之遊也、
十日、天晴、午刻前雨降、
當院藪植申付了、依雨降半分程出來也、次本所(吉田兼治)タツ御料人依緣付、爲祝義、杉原十帖・水引十把
參了、圓空使也、
十一日、天晴、
晩飯於本所、新造兩所・(吉田兼見)予參、聖護院之在所、者〔肴〕・双瓶・粽十把・銀子壹貫目、爲承料持參也、
十二日、曇、
於當院、汁興行、大東院・(萩原兼從)民部少來、
十三日、曇、午刻雨降、未刻晴、
龍御料人、甲賀郡水口之城嫁娶始也、伴衆、民部少輔・喜介・左衛門尉・左京亮、輿添、喜三郎・
喜一郎・甚六也、荷輿同上、五十也、次左衛門女房爲承料銀子三貫目、持參、

十四日、天晴、
　當院二番茶申付了、
十五日、天晴、
　信解之勤行如常、次藪笋番申付了、
十六日、天晴、晩雨降、
　伏見嶋津龍伯（義久）爲見廻龍〔舞〕、杉原十帖・扇子五本、令持參、取次平田豊前扇子五本、遣、及對面振舞也、
　新造ヨリ御秡修理進使也、
十七日、雨降、
　不參清水寺也、
十八日、天晴、
　慈照寺龍山（近衛前久）爲見舞、稱光院殿入御、予令祗候了、
十九日、天晴、
　神龍院（吉田兼倶）殿月忌、請僧如常、於新造、予・由甫・神恩院、兩三人振舞也、
廿日、天晴、
廿一日、天晴、

廿二日、天晴、
廿三日、
廿四日、天晴、

日吉祭禮見物

日吉祭礼、為見物、予・慶音也、同道、雲母坂越ニ而登山延暦寺、一見了、
廿五日、天晴、
當院へ幽齋（長岡玄旨）入來、相振舞也、午刻過内府家康江見舞了、
廿六日、雨降、

中原系圖書寫家康へ渡す
秀吉京都に新亭を作るため縄張

當院三番茶申付了、午刻過内府江中原家之系圖書寫持参了、福大明神町、大閤御座所縄張有之、
廿七日、
廿八日、
廿九日、雨降、
牧庵為見廻〔舞〕、予音信参了、白砂糖一桶、牧庵江、全齋江小刀二ツ、

五月大

一日、天晴、

當院勤行如常、當社参詣如常、

二日、

於本所（吉田兼治）寺庵衆振舞、予罷、

三日、天晴、

龍山（近衛前久）様ヨリ産穢御尋有、産夫同火同座當日憚、社用申了、

四日、天晴、

當院田地麥苅申付了、

京都洪水

五日、雨降、

洪水以外也、齋父牧庵競馬爲見物、川溺死去了、

秀吉大阪へ赴く

六日、天晴、

伏見内府家康へ二位（吉田兼見）使ニ越了、仝日太閤大坂渡御了、

職原抄講義

七日、天晴、
内府家康新造(吉田兼見)へ入御、翌日幽齋(長岡玄旨)三〔之〕庵へ朝申入付滞留、
八日、雨降、
幽齋庵へ入御、今日薬師参詣延引、
九日、天晴、
於菊亭殿(今出川晴季)、職原抄講尺有、予聴聞、掃部寮之篇ヨリ聞了、次休庵二十疋、阿野殿鳥目五十疋、同女房衆江沈香五兩、年頭有礼、各持参了、次牧庵、予三十疋、香奠也、
十日、天晴、
十一日、天晴、
光源院殿(足利義輝)卅三年忌之佛事依執行、予見廻〔舞〕指樽一荷・唐腐・昆布、今度之佛事、毛利輝元ヨリ下行、銀子廿枚、昌山様(足利義昭)ヨリ金子一枚下料也、
十二日、雨降、
洪水、川へ渡斗也、職原鈔講尺有、予、
十三日、天晴、
於光源院施食執行、予令出頭也、

十四日、天晴、

十五日、天晴、

於光源院、頓寫廿一人僧・予罷出、

十六日、

十七日、雨降、

龍山様江御見廻〔舞〕之饅頭ウスカハ廿五進上、

十八日、天晴、

相国寺之内、光源院江出頭、他山衆宿忌參也、晩大智院令一宿也、

十九日、天晴、

當日拈香、兌長老・半齋・維那・集西堂・〓點齋也、午刻過、右歸寺也、

廿日、雨降、

當院田地手作植付申付、

廿一日、天晴、

自光源院、爲嚫金銀十五文目五分、鳥目貳十疋來也、

廿二日、

廿三日、

廿四日、天晴、

神龍院連歌興行

於當院連歌百韻興行、寺庵衆入來、

廿五日、天晴、

相國寺雲頂院内僧庵へ龍山様御成、

廿六日、天晴、

源平盛衰記を石田三成のため書寫

盛方院（吉田浄慶）ヨリ源平盛衰記一冊、石田治部少輔（三成）誂本也、

廿七日、天晴、

廿八日、

於新造寺衆振舞、

廿九日、天晴、

菊亭にて職原抄講釋

於菊亭殿、職原抄講尺、予罷、

卅日、

六月小

一日、天晴、

職原抄講義

當院祝聖如常、當社不参也、依禁忌也、菊亭殿（今出川晴季）職源〔原〕抄講尺有、

二日、

龍山様（近衛前久）江祇候申、

三日、天晴、

祇園より壽等女ツル來、赤飯一重、

四日、天晴、

五日、天晴、

六日、天晴、

民少（萩原兼従）ニ齋ニ罷、晩ニ夕立大ニ降也、於新造延喜式表紙令細工也、

七日、天晴、

祇園御靈會

祇園會、

八日、天晴、
伏見へ河原長右衛門礼ニ罷、帷曝一ツ、サイミ一ツ、遣、子息源二郎江百疋、同女房衆へ杉原十帖、遣、次幽斎（長岡玄旨）
伏見殿へ見廻〔舞〕、
九日、天晴、
十日、天晴、

西天王神事

西天王御神事、御輿聖護院御幸也、
十一日、天晴、
十二日、天晴、
龍山様・光照院殿・御新造、朝ヨリ御成、龍山ヨリ帷二ツ、光照院殿美濃紙三束、青帯三筋、新造美濃一束、奈良一挺、百疋、サシ樽・マキ廿五・奈良浸〔漬〕・カウノ物五・御樽、也、終日之御遊也、朝飯午刻ヨリキリ麦、晩ハウリ也、嶋田与兵衛サシ樽・唐腐・カウノ物、勝吉ヨリ指樽一荷、音信也、
廿〔十〕三日、雨降、
龍山へ御礼参也、一乗寺守禅庵跡主來也、
十四日、雨降、

祇園會

祇園會、

清水寺參詣

十五日、
西天王祭也、
十六日、天晴、
於新造豊心丹右調進也、
十七日、天晴、
清水寺參詣、大東院慶春・由甫同道也、幽斎女房衆上洛也、
十八日、天晴、
幽斎女房衆、爲見廻〔舞〕、マクハ瓜廿、音信也、
十九日、天晴、
廿日、天晴、
神龍院へ佛事、遣音信也、酒廿盃・白瓜也、
廿一日、天晴、
浄土寺百性〔姓〕中へ樽廿五盃・綜〔粽〕廿五・白瓜十、遣之、田地水爲礼也、
廿二日、天晴、
神恩院齋罷、新造女房衆母儀、卅三年忌之佛事也、

廿三日、天晴、
廿四日、天晴、
廿五日、天晴、
廿六日、天晴、
御手洗参詣申也、慶音・由甫、同道也、
廿七日、天晴、
翌日大東院、依延引也、慶音・由甫・平次郎、於森口酒予調之也、仍歸路之刻、幽齋之小姓少
二郎・圓空、兩人、酒迎之事也、
廿八日、天晴、
於當院、酒迎之返、右興行也、
廿九日、天晴、
皆月也、自本所（吉田兼治）祝義來也、

七月大

一日、雨降、

九日、天晴、

十日、天晴、

唯神院殿(吉田兼右)月忌齋堂坊主悳珎布施十疋遣、民少(萩原兼従)來也、

十一日、天晴、

本所(吉田兼治)例年之祝義、予二十疋、持參也、

十二日、天晴、

十三日、天晴、

當院之墓參、本所ヨリ爲下行米三斗也、次南御所隨慶院殿ヨリ匂袋五カケ、御音信也、

十四日、天晴、

靈祭如常、依予煩、勤行少々之勤、

十五日、

十六日、

十七日、天晴、

大塔之田地江、白川之水、令所望、藤田源介江申遣、

信濃國善光寺如來上洛

十八日、天晴、

信濃國善光寺如來入洛、近年乱國故、甲斐國ヨリ御上洛、大佛殿之本尊安置也、路次行粧歷々也、御迎衆、天台宗百五十人、眞言宗百五十人、都合三百人、僧乗馬法服袈裟ニテ具〔供〕奉也、門跡稱高院殿、三宝院殿(義演)・大學〔覺〕寺殿(空性)・梶井殿(最胤)・竹内門跡(良恕親王)後陣、聖護院殿(道澄)前駈、木食上人、樂人衆騎馬也、如來御厨子如鳳輦也、旗二行ニ八本都合十六本、与淺野彈正少弼(長政)後陣之騎馬也、

十九日、

全齋二十疋・鳥子廿枚、持參也、同道清少納言(船橋國賢)入來、於當院、非時振舞、

廿日、天晴、申刻大雨降、

廿一日、天晴、

廿二日、

廿三日、

廿四日、

廿五日、

廿六日、天晴、

無量院殿燒香、神恩院へ罷、

廿七日、天晴、

大東院・民部・由甫・智福院入來、田樂依興行、

廿八日、天晴、

意齋宿所へ罷、青帯一筋・扇子五本、持參也、

廿九日、天晴、

大角喜三郎及暮來、錫双・肴・桃實・麩・硯箱、持參也、

卅日、雨更降、大風終日也、

八月小

一日、天晴、

當院勤行如常、龍山(近衛前久)江祗候、

二日、天晴、

三日、天晴、

於神恩院、芙蓉花見興行、新造・予・大東院・慶音・由甫、此衆、

四日、曇、

清水寺執行息來、貳十疋、

南禪寺にて細川忠興能興行

五日、曇、

於南禪寺方丈、幽齋之息(細川忠興)能興行、予令見物也、

六日、雨降、

七日、天晴、

白川源介方帷サイミ一ツ、遣之、次幽齋(長岡玄旨)之女房衆播磨へ下向刻問匂袋五カケ、令音信也、本國坊來、小澤甚尉トイクチ米、一桶、持参也、

八日、雨降、

薬師塩立如常、

九日、天晴、

十日、朝晴、巳刻雨降、

新造寺庵衆、於當院齋之用意也、

十一日、

十二日、天晴、

於松樂庵、佛事在齋、予罷、

十三日、

十四日、

十五日、天晴、

疊サシ來、錫四ツ、妙神〔心〕院へ遣、

十六日、

於妙心院寺庵衆へ齋、慶音親父年忌云々、

十七日、曇、

十八日、天晴、

案中ヨリ布一端、音信來、

十九日、

廿日、

廿一日、天晴、
白川与三兵衛錫双・并餅、持來也、
廿二日、天晴、
南御所隨慶院殿鳥子二百枚・錫双・餅・モノタチ刀双、予持参也、同宿老、クゝツ方一束・油煙一挺、藤榮坊二十疋・フウ・小刀二ツ、其外之衆悉遣也、
廿三日、雨少降、
兩所神事如常、
廿四日、天曇〔晴カ〕、
梅坊紙一束、持参也、壽等・松坊・浄土寺、來也、
廿五日、天曇、
北野参詣

北野参詣申也、
廿六日、天晴、
隱居之新造（吉田兼見）へ寺庵衆振舞也、
廿七日、雨降、
廿八日、

廿九日、天晴、

萩原民部少（兼従）へ、新造父子寺庵衆へ、振舞、

九月

一日、天晴、

当院勤行如常、当社両宮参詣申也、

二日、天晴、

三日、

四日、

五日、

六日、民少（萩原兼従）へ齋ニ罷也、

七日、雨降、

八日、天曇、

大東院新造父子、予罷也、

九日、天晴、

十日、天晴、

御齋衆、民少・壽等・五兵衛尉、

十一日、天晴、

妙貞大姉年忌、請僧一人、

十二日、雨降、

家康南禪寺に遊ぶ

家康、南禪寺之内長松軒ニテ終日遊也、

十三日、

十四日、天晴、

十五日、天晴、

伏見へ内府家康へ見舞罷、木練・柿五十、持參申也、取次城織部也、次如雪法印へ、杉原十帖、遣也、

十六日、天晴、

於當社百度祈念申付了、

十七日、雨降、

清水寺不參、本所左兵衛尉、當院へ振舞申也、朝之興行、
十八日、雨降、
於大工平次郎所、大東院令同道也、予、
十九日、
廿日、天晴、
聖護院在所ヨリ錫双、來、
廿一日、天晴、
建仁寺之内十如院之母儀へ見廻〔舞〕罷也、錫双・肴・三重箱ニフノヤキ、予持參也、同長老へ油煙二挺、音信申也、丹後國へ下向、留守申置了、
廿三日、天晴、
大東院にて連歌興行
於大東院連歌百韻興行、
廿四日、
廿五日、天晴、
妙心院にて連歌興行
於妙心院連歌二百韻興行、次嶋津龍伯（義久）ヨリ使者平田豊前來、小錫四ツ・茶碗・鉢、持參也、
廿六日、天晴、

秀吉京都の亭へ移徙

太閤福大明神之屋形へ移徙也、

廿七日、雨降、

廿八日、天晴、

禁裏へ太閤之御息（秀頼）四位中將參内也、次大佛五山衆施食執行、

廿九日、天晴、

内府家康江予見廻（舞）申也、

卅日、

十月小

一日、天晴、

當院勤行如常、當社參詣如常、

源平盛衰記十冊之分五、兵衛尉於當院書寫也、

二日、雨降、

三日、午刻晴、

於御新造、壺口切寺庵迄也、

四日、天晴、

當院手作田地稲苅申付了、

五日、天晴、

當院歸雲院へ予罷也、同道民少（萩原兼従）也、持参料紙一束・青帯一筋、次龍山（近衛前久）ヨリ當社春日社造營ノ金子七兩、

六日、天晴、

民少齋予罷、次新造龍山江御礼祗候也、晩智福院振舞也、

七日、

八日、天晴、

藥師塩立如常、次永仁所江當社造營之事、内府家康可申入之旨予忝申合了、

九日、天晴、

嶋田与兵衛來、朝振舞、

十日、天晴、

當院茶壺口切、新造寺庵入來、朝會也、次内府家康へ令二位（吉田兼見）同道、當社爲奉加百石來礼ニ罷

也、

十一日、

十二日、

十三日、

十四日、

十五日、

十六日、

十七日、

十八日、

十九日、

廿日、天晴、

油役申付了、

廿一日、

神龍院にて連歌興行

於當院連歌百韻興行、寺庵衆芳齋・五兵衛、出座、

廿二日、天晴、

油役申付了、

廿三日、天晴、

廿四日、雨降、

當院年貢米百姓納、壽等召寄、奉行申付了、當年依日旱少事納也、

廿五日、

於神恩院、祈禱連歌百韻興行、

廿六日、天晴、

廿七日、

廿八日、

廿九日、

丹後ヨリ本所左兵衛尉上洛、

神恩院にて連歌興行

十一月

一日、天晴、午刻風雨以外也、

当院勤行如常、当社参詣、
二日、
三日、
四日、天晴、
於大東院新造父子振舞、午刻龍山様（近衛前久）へ歸雲院・五西堂、御礼ニ祗候也、同道申、折節御留守申
置了、
五日、
当院藁屋家葺申付、
六日、天晴、
桃齋西堂十三年忌申付了、十二月取越、
七日、天晴、
味噌申付了、
八日、天晴、
藥師參詣、
九日、天晴、

針賃女房來、
十日、朝晴、午刻過雨、
十一日、天晴、風快、
十二日、天晴、
伏見嶋津龍伯（義久）へ當社奉加之礼罷、二位（吉田兼見）名代菓子音信、予鳳髄丹三貝進、平田豊前守取次、
十三日、天晴、
去十日南禪寺之内語心院元仲長老入院、爲音信サシ樽一荷・饅頭五十、宗喜遣也、
十四日、
十五日、
十六日、「天晴、」（底本ナシ、今國本ニテ補フ）
十七日、天晴、
幸鶴丸髪直、予罷、同出參也、
十八日、雨降、
十九日、天晴、
南禪寺語心院元仲和尚入院、予見物書四、山門書・諸山・道舊・江湖、白槌天龍寺眞乘院長老、

廿日、天晴、
　永仁方へ新造二位、爲音信、小袖遣、予持參也、
廿一日、雨降、
廿二日、
廿三日、朝晴、晩風雨、
廿四日、天晴、
廿五日、天晴、
　本所（吉田兼治）女房衆ヨリ銀子廿目持給、圓空使也、
廿六日、天晴、
　祇園壽等娘ツル錫双・強飯一重、持參、
廿七日、
　幽齋（長岡玄旨）江、予・松樂庵、二人茶湯ニ罷、
廿八日、雪降、
　幽齋、當院茶臼依所望、遣之、
廿九日、

十二月

一日、天晴、

當院如常、當社参詣如常、

二日、雨降、

本所（吉田兼治）女房衆産屋へ音信申、味噌一重、

三日、天晴、

當院正月之薪申付了、

四日、

五日、天晴、

播磨方ヨリ桃齋十三年忌之為志、錫三ツ・昆布一束・唐腐十五丁、來、

六日、天晴、

桃齋西堂十三回忌、去月小齋依申付、当月之齋、修理進・堂坊山恵珎、兩人來、

七日、

八日、雪降、

小七方例年祝義樽來、餅・錫双、

九日、天晴、

十日、天晴、

秀吉五人醫者衆を罰す

唯神院(吉田兼右)殿御灵(忌)供備如常、寺庵・予(吉田兼見)隠居新造へ朝振舞罷也、次清左衛門女方薬料・鞍馬炭廿俵來也、自太閤承勘氣五人醫者衆也、

十一日、

於當院寺庵衆へ振舞、神恩院・大東院・妙心院・智福院・由甫・萩民少(萩原兼従)・少三郎・勘六・小七、源平盛衰記出來之興行也、

十二日、

十三日、天晴、

盛方院爲見舞泉涌寺へ罷也、

京都大雪

十四日、大雪降五寸斗、

於神恩院、新暦令書寫了、

十五日、

十六日、天晴、
源平盛衰記近衛殿へ返上申也、
十七日、天晴、
東山龍山(近衛前久)様見廻申也、錫双・二重箱・ウスカハ・肴也、
十八日、雪降少々、
近衛左府(信尹)様へ御本之御礼ニ罷、菓子一折上了、
十九日、
廿日、天晴、
妙春大姉爲一周忌齋、寺庵來、神恩院・智福院・妙心院・松樂庵・芳齋・由甫・萩民部・圓空・左兵衛尉來、
廿一日、天晴、
妙春一周忌、齋衆卅八人寺内被官女房已下來、壽等十疋備靈前、
廿二日、雪降、
廿三日、天晴、
大東院へ本所請待、予請伴罷、當院薪申付了、

廿四日、天晴、

本所女房衆産屋、丑刻生産男子誕生也、種々薬調進胞衣直下大文ニ遣、色々令思案薬参了、

廿五日、

廿六日、午刻雨降、

新造隠居ヘ例年之錫双・肴・昆布貳把・唐腐、次女房衆ヘ軽粉五箱、依産穢七ヶ日憚之了、

廿七日、雪降、

当院正月餅申付、依産穢寺庵衆不申也、

廿八日、天晴、

壽等、歳暮來、京都ヘ正月用意申付了、

廿九日、天晴、

大東院ヘ破木十束、音信申也、次本所之女房衆ヨリ銀子十一〆目、圓空使ニテ御借也、

〔舜記 四〕

「(禮紙)
慶長三戊戌年日記

(朱)太元宮兩宮神體勸請之事
吉田社獅々狛膠付之事
吉田神〔社〕造營臨時神供之事
」

慶長三戊戌年日記

正月大

朔日、雪降、節分、
當院勤行如常、若水北、行水塩入、社參依産穢不參、次當院被官各來、小三郎母錫・肴二色、喜介女房錫二色、喜三郎錫・午房一把・昆布、小七母錫・肴二色・納豆壹包・大根、使甚六扇子一本、新右衛門扇子貳本、新造(吉田兼見)

依煩、於門外脈見、文助扇子貳本、

二日、雪降少、巳刻晴、

圓空十疋、來、平次郎瓶一ッ、持參、左京亮新代木瓜豆一包、持參、大東院・神光院・妙心院、入來、

清左衛門唐腐十丁、孫右衛門唐腐五丁、罷出屋敷、与三郎同道各來、

三日、雪少降、辰刻晴、

當院朝粥也、次當社當宮社參、寺庵方へ予礼ニ罷、祇園ヨリ壽等來、錫双・肴・串柿一把・昆布一束・鏡餅二枚、持參也、非時申付勸盃酒也、修理進十疋、持參也、萩民(萩原兼従)少茶筅箱入一ッ、令持參、左衛門尉大豆一袋、次小七母方・小三郎母方兩人へ錫双・唐腐十丁・昆布十本、兩所へ遣之、由甫扇子一本、持參也、次藥屋清左衛門所へ密廿兩取遣、銀子五分、孫七使也、

四日、天晴、

龍山様(近衛前久)へ祇候申、御對面、進上文鎮一ッ・錫四入・肴・昆布一把・唐腐十二町〔丁〕、御新造江輕粉五箱・貳十疋、

嶋田与兵衛帯一筋・二十疋、同勝吉匂香二貝・扇子五本、同明二本、山本扇二本、新三郎扇二本、次本所女房衆礼輕粉五箱・錫双・肴・昆布一把・串柿一把、産屋江罷、次彦竹齋扇貳本、持參也、次喜介女房方へ錫・串柿一把・奈良積〔漬〕二、甚六匂香二貝、遣之、次喜三郎、米三升・鏡餅、遣、次小三郎扇一本、同甚五郎扇五本、持參也、

次唯神院宮御供料五升、右京亮方へ渡ス、

蓼倉藥師參詣

五日、天晴、

當院被官已下ニ節也、壽等來也、由甫・同女房衆・民少（萩原兼従）、入夜來也、餅・羹令用意、

六日、天晴、

松坊錫双・唐腐十丁・昆布少、持參也、同非時申付了、同今出川衆來也、盃持了、次左京亮方へ錫双・豆腐十丁・昆布廿本、遣之、平次郎二十疋遣、左衛門尉扇二本、新右衛門扇三本、遣之、

七日、雪大降、終日也、

唯神院殿御神供頂戴之、

八日、天晴、

本所（吉田兼治）へ例年寺庵衆礼、予、貳十疋、持參也、次蓼倉藥師參詣、初尾十疋、聖護院在所神右衛門入道大豆一升、持參也、

九日、天晴、

戊〔盛カ〕方院貳十疋、持參、隱居（吉田兼見）新造ヨリ唯神院殿齋料米一斗來也、

十日、天晴、

寺庵衆於當院齋、智福院・妙心院・松樂庵・由甫・萩民少・圓空・壽等、此衆齋、次本所貳十疋、年礼入來也、次隱居（吉田兼見）二位女房衆爲燒香入來、予へ貳十疋、帯一筋給也、次皮堂別當扇子貳本、持

參、意齋扇壹本、持參、次新造二位違例故燒香遣也、

十一日、天曇、

白川在所住与兵衛十疋、持參也、眞如堂住持貳十疋、持參、宗悦扇十二本、

十二日、天晴、

壽等所へ罷錫四入・肴・唐腐十丁・饅頭十、同女房衆十疋、娘ツル銀子(マヽ)貳十疋遣、二貫目遣之、和泉扇子三本、梅坊貳十疋・扇子貳本・泥得(酒樽カ)、定林坊匂香二貝、扇子一本、松坊雜紙一束、盃一ツ、妙法院錫双・肴・唐腐十丁・昆布五十本、於壽等所飯振舞、及晩歸寺、由甫同道、次南禪寺之内聖門庵弟子小沙弥(阿カ)來、錫一・肴、如例年、

十三日、雪大降、終日、

嶋津龍伯(義久)ヨリ百疋、給、新造太刀一腰、馬代三貫、平田豊前使也、予、扇子五本、及對面食振舞了、

塗師定祖小棗茶入、持參也、二郎太郎弟昆布一束、持參也、

十四日、天晴、

稻葉兵庫頭指樽一荷・肴・コンニヤク五十丁・昆布百本、年頭之音信也、使孫七・同バヾ拍袋一ツ、□□遣之、嶋田与兵衛指樽壹荷・肴・奈良漬三・午房二把・五十疋、持參、新三郎柿・納豆二袋、持來、晩飯用意了、次高嶋郡庄屋昆布一束、持參、

十五日、天晴、

高嶋庄屋歸ニ、扇五本、遣、宗喜姉黒帯一筋、持參、次爆竹之竹三本、本所ヨリ依所望出之、

十六日、雪降、
小沢玄尉五十疋、持参、次於當社祈禱百度申付了、次南禪寺之内雲門庵へ、例年之米壹斗五升遣之、
十七日、天晴、
彦治郎清水寺へ代官申付了、
十八日、雨降、
十九日、天晴、
廿日、天晴、
廿一日、天晴、
廿二日、天晴、
稲葉兵庫頭ヨリ杉原十帖・米、同バゞ昆布一束・柿二把、持参也、
十〔廿〕三日、天晴、
大工平次郎菓子重箱一申付出來アリ、同鳥目貳十疋・扇子一本、遣了、
廿四日、天晴、
爲初礼出京、眞如堂住持貳十疋、東陽坊貳十疋、長慶貳十疋・帯一筋、宗悦茶筅、茶ハン、次光照院殿錫双・肴・昆布一束・

唐腐十丁・鳳隨〔髓〕丹壹貝、上臈ヤ、御方匂貝二包、次光源院貳十七〔疋カ〕、長得院油煙大形一挺、次全齋貳十疋、次案中法橋紙一束・豊心丹百粒、持參申了、

廿五日、天晴、
北野代參申付了、

廿六日、天晴、
弥三郎方へ双瓶・饅頭廿・昆布廿、遣之、

廿七日、
与五郎方江昆布壹束、遣之、

廿八日、天晴、
藤榮〔永〕坊水引拾把、持參也、

廿九日、天晴、
幽齋（長岡玄旨）上洛予三十疋、令持參也、

卅日、薄雪降、
藤榮〔永〕坊錫双・串柿一把・納豆一袋・匂香二貝、音信申了、次新造女房齋ヨリ齋料米一斗來、

尊覺法印ノ年忌

二月小

朔日、天晴、
尊覺法印依年忌、寺庵衆へ齋、神恩院・妙心院・智福院・由甫、入來也、
二日、雨降、
三日、天晴、
〔案〕安中法橋三十疋、持參、
四日、天晴、
海津之内行誓坊醫術依懇望上洛百疋、爲礼持來、晩食令用意了、八冊書籍借了、
五日、朝晴、晩雨降、
弥七扇子一本持參、
六日、曇、
（萩原兼從）民少へ齋罷、
七日、

八日、天晴、
　藥師參詣、
九日、
十日、天晴、
　祇園妙法院鳥子百枚、扇子五本、同弟子扇子三本、梅坊美濃紙壹束、持參、晩食振舞了、
十一日、天晴、
　醍醐等圓酒モロ白樽・餅卅・昆布一把、同弟子教因〔因〕關東紙壹帖、扇子三本、持參、晩食用意申付了、
十二日、雨降、
十三日、雨降、
十四日、
十五日、天晴、
　嶋田勝吉双瓶・串柿・昆布一把、持來、
十六日、
十七日、天晴、
　(近衛前久)龍山様江〔伺〕祠候申了、

十八日、天晴、
神龍院殿(吉田兼倶)齋料米壹斗來、
十九日、雨降、
御齋、智福院・由甫・民少・惠珎、午刻神龍大明神参詣、燈明申付、
廿日、
廿一日、天晴、
妙春大姉忌日齋、堂坊主來、
廿二日、
廿三日、
廿四日、天晴、
廿五日、天晴、晩雨降、
相國寺之内植首座セン香一包、扇子一本、持來、次妙心院・慶音母儀扇子五本、兩人妹指樽二荷・唐腐廿丁・柿一把、持來、
廿六日、雨少降、
神恩院へ齋罷、
廿七日、

廿八日、天晴、

齋場所兩宮神體勸請

当社外宮内宮正体勸請、次当院味噌申付了、

廿九日、

三月大

一日、晩雨降、

当社参詣、当院勤行如常、

二日、天晴、

三日、天晴、

三日月祈念

三日月祈念、

四日、

五日、

六日、

七日、雨降、

八日、天晴、
　薬師参詣、
九日、天晴、
　眞如堂之内玉藏坊双瓶・カウノ物、宗悦・松樂庵、三人請待、午刻之振舞、
十日、雨降、
十一日、
十三日、雨降、
十四日、
十五日、天晴、

醍醐へ秀吉花見

　於民部少輔（萩原兼従）宅、新造祈禱之日待、予罷也、於醍醐、大閤花御覧、女中以下數百人云々、
十六日、雨降、
十七日、雨降、
　藥師ノスシ（厨子）大工平治江申付出來、
十八日、
十九日、天晴、

廿日、
廿一日、天晴、
廿二日、
廿三日、雨降、
廿四日、雨降、
廿五日、雨降、
廿六日、
廿七日、
廿八日、天晴、
　當院藪垣申付、壽等奉行雇了、
廿九日、
卅日、

四月小

一日、雨降、
　當院勤行如常、次當社参詣、
二日、天晴、
三日、天晴、
　霜大降、茶葉悉枯萎了、薬師厨子塗師ニ申付出來、銀子貳匁め遣之、
四日、雨降、
五日、天晴、
　眞如堂内東陽坊死去、
六日、天晴、
七日、
八日、天晴、
　薬師参詣、

九日、天晴、
十日、天晴、
大東院、民少齋（萩原兼従）也、
十一日、天晴、
祇園ニ下京衆、長谷川宗仁能興行、兩日在之云々、
十二日、天晴、
十三日、雨降、
十四日、
十五日、天晴、
結解當院勤行如常、法華經半巻毎日讀誦、解之間、并論語一章之分讀之、次太閤伏見江御上洛、
十六日、天晴、
内府家康江、爲見廻〔舞〕令出京也、
十七日、天晴、

日吉社祭禮

日吉祭礼見物、同道大東院・神恩院・平次郎、及暮歸寺也、

太閤父子参内

十八日、天晴、
大閤御父子参内、乗車云々、（秀吉・秀頼）
十九日、雨降、
於大東院、振舞興行、愛宕山下坊住持百疋・樽代也、次阿波賀彦三郎上洛付、双瓶・并食籠、令音信也、孫七使也、
廿日、雨降、
梅坊双瓶・食籠、持來、次阿波賀周勢齋來、鳥子壹百枚、岩茸一袋、持参來、同弟扇子三本、
廿一日、雨降、午刻晴、
廿二日、天晴、
當院二番茶申付了、宇治宗善方茶取ニ遣、衛門二郎使、爲音信扇三本、遣之、藥師御厨子出來付佛供并菓子供物捧了、次歸雲院油煙二挺、持参、
廿三日、
廿四日、
廿五日、
廿六日、天晴、

寺庵衆、同興行入來、

廿七日、

廿八日、雨降、

廿九日、雨降、

五月大

一日、天晴、

當院勤行如常、當社兩宮參詣、

二日、雨降、

三日、雨降、

四日、雨降、

梅坊ヨリ提食籠來、小三郎母方より節供錫・并粽、來、小七方より錫・粽、來、次幽齋(長岡玄旨)女房衆へ食籠・錫、音信申也、次同女房衆ヨリ宮華〔本ノマヽ〕トシテ紬一端來、

五日、雨降、

洪水領田流

六日、
七日、天晴、
龍山（近衛前久）様江祗候申也、
八日、雨降、
藥師参詣如常、次洪水以外領田流了、
九日、雨降、
民少（萩原兼従）宅江今宮祭祝義罷、弥助同道、
十日、雨降、
十一日、雨降、
齋之僧聖護院村より始來、扇子二本、持参、爲布施二十疋、遣、當院手作田地麥苅申付了、
十二日、雨降、
十三日、
十四日、雨降、
圓空所へ寺庵衆爲振舞罷、
十五日、雨降、

十六日、雨降、
於齋場所、百度申付了、
十七日、雨降、
新長谷寺御燈、予参詣、次嶋田与兵衛尉より爲音信、一樽・両種、來、
十八日、雨降、
本所(吉田兼治)より竹十本依所望遣了、次嶋津龍伯(義久)より予帷二ッ、來、次新造(吉田兼見)二位へ褶二巻之音信也、
使者及對面、餅・羹・酒勸了、次於神恩院百度秡、
十九日、朝晴、巳刻雨降、
有安軒十三年忌、爲音信錫四入、神恩院へ送也、次妙心院・慶雲、新造江爲音信振舞、予罷、嶋田
与兵衛折送、
廿日、雨降、
神恩院へ齋罷、布施十疋、
廿一日、朝霽、未刻雨降、
當院年茶又一申付了、
廿二日、雨降、

廿三日、天晴、
　當院弥勒田地植付、
廿四日、雨降、
廿五日、早旦天晴、
　嶋田勝吉ヨリ指樽壹荷、來也、
廿六日、早旦晴、晩夕立降、
　龍山様兩所申入、晩振舞杉原十帖・紬美一端、拝領、御新造より青銅百疋、嶋(嶋田)兵衛より指樽一荷、坊意大筋、主水佑扇子五本、次左府様(信尹)より美濃紙三束、拝領、次光照院殿より杉原十帖・油煙三挺、爲御音信來、次朝、於妙心院慶音・本所始而寺振舞、予罷、
廿七日、雨少降、
　今朝早々龍山様江御礼ニ罷出、民少令同道、於左府様就御書扇拾本拝領、昨日筆依御所望令進上了、爲御礼如此也、
廿八日、天晴、
　近衛大(本ノマヽ)〔左カ〕府様祗候、有御對面、次盛方院年頭爲礼、貳十疋、同女房衆へ水引五把・批把一蓋、次光照院殿祗候、有御對面、

廿九日、天晴、
幽齋、於庵乱舞之興行、予令聽聞也、
卅日、天晴、

六月小

一日、天晴、
當院勤行如常、當社參詣、次當院、予茶又二番申付了、
二日、天晴、
(近衛前久)
龍山ヘ祗候、信長十七年忌、弔之御齋、龍山御調也、

織田信長十七年忌

三日、天晴、
(吉田兼治)
本所息女滿御料新產、於圓空宅、平產男子也、
四日、早旦雨少降、
五日、天晴、
祇園壽等方ヨリ神事之爲祝義、樽、來、、强飯・カウノ物、次產屋ヘ廿・錫・赤飯、送了、

祇園會

妙心院にて連歌興行

六日、天晴、

七日、天晴、

祇園會神事如常、次寺内始被官六藏礼來、錫・肴・コンニヤク也、

八日、天晴、

藥師参詣如常、次筆（ママ）皮九束六文目一フン遣了、神恩院取次、

九日、天晴、

當院年茶六斤、依令所望遣之、銀子三〆目六フン遣之、

十日、雨降、

齋僧來、

十一日、雨降、晩晴、

於妙心院、祈禱連歌百韻興行、

十二日、天晴、

十三日、天晴、

大東院杉原十帖、曝帷可持参、爲藥礼音信、

十四日、天晴、晩夕立降、

祇園會

祇園會如常、幸圓弟子榮須關東上洛木綿一端・宇都宮笠一ッ、持來、

十五日、天晴、晩曇、

西天王祭

西天王祭礼如常、

十六日、天晴、

龍山様江嘉定之爲御祝義令祗候、民少(萩原兼従)同道也、

十七日、天晴、

清水寺參詣

清水寺參詣、新長谷寺燈明捧之、新造ヨリ蘇香圓調合、藥研ヲロシ衆二人來、

十八日、雨降、

鳳髓丹調合、藥研ヲロシ衆二人來申付了、

十九日、雨降、

新造(吉田兼見)、茶碗來、

廿日、雨降、

於祇園在所、白瓜四十一取寄、奈良付[濱]申付了、付了(衍カ)、代鳥目五拾錢也、喜介來、吉田奉加貫金七兩渡也、

廿一日、天晴、

廿二日、天晴、
於神光院齋、新造女房衆母様年忌也、
廿三日、天晴、
大東院・民少、兩人朝振舞入來、
廿四日、天晴、
下京板坂長太郎礼ニ罷、紙一束・扇五本、持參也、
廿五日、雨少降、
大佛江齋也、予爲名代僧爲出頭也、
廿六日、天晴、
廿七日、天晴、
祇園梅坊ニ碁之御興行、予罷、四入錫、号角重一重送之、
廿八日、天晴、
民少息藤五郎不通之申事ニ付、由甫申扱相濟了、
廿九日、天晴、
晩御手洗參詣、大東院殿、由甫、令同道了、

七月

一日、天晴、

當院勤行如常、次當社參詣、

二日、天晴、

慶音取次、糒十袋令所望來也、

三日、天晴、

伏見へ罷越、嶋津龍伯(義久)へ爲礼杉原十帖、薫衣香一品持參申了、次江内府家康爲見舞罷、依留主罷歸也、次下京勝進ゟ眞桑瓜廿、到來、

四日、天晴、

新造之隱居へ朝食罷、河(阿)野女房衆産穢相濟、爲祝儀之義也、次近衛(前久)殿御新造江、眞桑瓜廿、進上申也、

五日、天晴、晩ニ夕立降、

六日、天晴、

七日、天晴、
壽等錫・瓜マクハ三十、持來、サイミ帷一ツ、遣之、
八日、天晴、
九日、天晴、
十日、天晴、
京衆町人衆、藥依所望遣、疊面五帖持來、次眞如堂納所助六曝帷一ツ持來、
十一日、天晴、
例年本所(吉田兼治)祝義、予罷、貳十貫樽代也、
十二日、天晴、
十三日、天晴、

家康系圖下書來

伏見内府家康見舞罷、糒十袋、進物申也、次サイミ帷一・曝一ツ、内府より給、又家康系圖下書來也、於當院墓參、本所より米五斗下行也、次幽齋(長岡玄旨)江音信申、恩齋江扇五本、遣之、次龍山(近衛前久)様江、

近衛前久へ拾芥抄進呈

拾芥抄上中兩冊依出來、進上了、
十四日、天晴、

先祖靈祭

於新造隱居(吉田兼見)先祖之靈勤行、予供之䙼金十疋、

十五日、天晴、
如例年、於本所蓮飯之祝義、予罷、
十六日、天晴、
案中法橋より爲音信、糒一袋・ユワハ・酒一樽、來、
十七日、天晴、
祇園之妙法院蠟燭廿丁、持來、
十八日、天晴、
大佛照高院殿、龍山様御出ニ付、予御伴ニ罷、曝壹端令進上了、
十九日、天晴、
晩幽齋へ振舞罷、
廿日、天曇、
禁裏にて八講一條院施行
於禁裏御八講、一条院殿執行、四ヶ大寺衆祗候云々、予令見物了、
廿一日、天曇、
龍山様江祗候、依御留主歸寺、
廿二日、天晴、

廿三日、天晴、
榑シト木二百丁、銀子十二〆目代也、
廿四日、雨降、
廿五日、
榑ヘキ來、二百丁榑也、テマ銀子八分遣、
廿六日、曇、
龍山様江祇候、及暮歸寺、
廿七日、曇、
伏見盛方院へ二位使罷、歸寺之刻雨降、入夜大風吹、京都所々町屋破損了、
廿八日、天晴、
祇園梅坊入來、水瓶・提食、持参、
廿九日、天晴、

聖護院新宮大峯入部

聖護院新宮、大峯入部、路次行粧歴々、予見物、下京衆町人者子与藥、験氣之爲礼來、銀五〆目・水瓶、持來也、妙法院ゟ預ヶノ荷物取來、悉渡了、次檜皮十五間、取遣了、
卅日、天晴、

八月大

一日、天晴、未刻夕立、
當院勤行如常、當社参詣如常、
二日、天晴、
三日、天晴、
當院板屋葺了、
四日、天晴、
癩病療治醫師宗心一流夢想傳説振舞了、圓空取次、
五日、天晴、
朝飯宗心來、
六日、天晴、
坤書院之庇申付、次祇園在所物〔者〕久左衛門餅五十、持來、次幽齋〔長岡玄旨〕女房衆上洛、音信ニ餅、〔有カ〕爲持遣、
七日、天晴、

幽齋女房ヨリ綿一把來、次醫師宗心所ヘ罷、サシ帷一・曝一・銀子百目、爲一礼遣之、次女房衆ヘ鳥子百枚、養母雑紙二束・扇三本、遣之、麦飯振舞也、

八日、天晴、

藥師参詣如常、次宗心來、癩病除去藥調合了、

九日、雨降、

十日、天晴、晩夕立降、

祇園松坊、昆布一束、持参、

十一日、天晴、

宗心來、丸藥令調合了、

十二日、雨降、

幽齋ヘ非時罷也、

十三日、

十四日、雨降、

意齋ヨリ折來、南禪寺歸雲院菓子折・繊香一包、宗喜爲使送了、

十五日、雨降、名月曇、夜半過晴、

十六日、雨降、午刻過晴、
意齋罷油煙二挺、至宝丹一包、女房之伴岩茸一袋、遣了、
十七日、雨小降、
善光寺如來歸國、太閤依靈夢告俄信州江歸國也、路次之義依俄勘〔簡〕略云々、晩幽齋江振舞罷也、

秀吉善光寺如來を歸國せしむ

十八日、天晴、
御靈會如常、次太閤御死去云々、

豊臣秀吉死去

十九日、雨降、
廿日、
廿一日、天晴、
廿二日、天晴、
大佛供養、天台之導師照高院殿道澄・眞言導師三宝院殿僧千云々、辰刻法事始、予見物三十三間儀式云々四ヶ法要ト云法事、
廿三日、天晴、
當所神事如常、
廿四日、朝晴、申刻雨降、

廿五日、雨降、時正入、
廿六日、天晴、雨降午刻、
廿七日、雨降、
廿八日、
廿九日、天晴、
卅日、天晴、晩雨降、
立本寺法事見舞、

九月小

一日、天晴、
当院勤行如常、当社参詣、
二日、天晴、
三日、天晴、
四日、天晴、

五日、
六日、天晴、
成福寺之内慈得処罷二十疋、
七日、雨風、
伏見江稲葉兵庫殿爲見舞菓子一折遣、孫七使、
八日、雨降、
藥師参詣如常、
九日、天晴、
當社兩宮参詣、大佛照高院(道澄)殿より春日社爲奉加、鳥目二千疋、來也、
十日、天晴、
後日爲御礼、照高院祇候、御對面也、次新造之女房衆多賀参詣、留主振舞、入夜田樂興行也、
由甫・圓空請伴也、於新造興行了、
十一日、天晴、
妙貞大姉年忌、晩於本所(吉田兼治)振舞、新造二位(吉田兼見)・幽齋(長岡玄旨)・烏丸御方本所清浄也、次宗心竹屋來、菓子持参也、

十二日、天晴、
白川在所者、兩人ゟ錫二對・并餠、持參也、次祇園之内松坊江、錫貳對・四入、菓子折、令音信也、次
幽齋ゟ料紙一束、來、
十三日、天晴、

長岡玄旨下國

幽齋下國　名月晴、
十四日、天晴、入夜降、
十五日、天晴、
黒谷之内西松院西堂伊勢四十、持參、
十六日、天晴、

吉田社獅子狛膠付

午刻ヨリ時雨、大佛之佛子來春日社之獅々〔子〕狛之膠付、予取次申付了、次智福院依所望、斗景
令出來持參了、
十七日、天晴、

清水寺參詣

清水寺參詣、神恩院同道、
十一《本ノマヽ》日、天晴、
伏見へ罷越、内府家康江見廻〔舞〕、次嶋津龍伯（義久）江金肖丸十粒、持參、

十九日、天晴、
下京表補得誂二幅、
廿日、
廿一日、天晴、
當院手作田地苅申付了、
廿二日、天晴、
廿三日、天晴、

妙心院にて連歌興行

於妙心院連歌百韻興行、浄土寺之内山本方ヨリ双錫・并餅、祭之祝義申來、
廿四日、

浄土寺祭

浄土寺祭、龍山（近衛前久）様江令祗候、民少（萩原兼從）同道、及暮雨降、
廿五日、雨降、
廿六日、天晴、
鈴鹿久二郎所へ宗心振舞相伴予罷、
廿七日、天晴、

智福院にて連歌興行

於智福院連歌百韻興行、内府（徳川家康）奉行衆ヨリ竹所望、榮仁書状在、宗心丹後國へ下〔歸〕坊、爲療治下

國ニ付於當地振舞、爲ハナムケ扇子一本・鳥目二十疋、遣了、
廿八日、天晴、
荒神參詣、神恩院令同道、於禁中御祈禱一七日有之、兼治執行、
廿九日、天晴、
長得院植首座、令音信爲對顔、

十月小

一日、
當院勤行如常、次當社參詣、
二日、天晴、
當院境内大塔年貢新四郎作之、且納之、次數寄屋疊面替、粟田口在所又太郎申付了、次妙心院左西堂依大祥忌佛事貳十疋贈之、
三日、天晴、
妙心院ヘ齋罷、次當院年貢引米〔新カ〕始而用、

四日、天晴、

五日、

六日、天晴、

宗心、女房へ音信、錫四入・赤飯壹釜・奈良積〔漬〕三ツ・酒淂（本ノマヽ）〔樽カ〕・昆布五拾本、孫六使也、

七日、天晴、

妙心院、大東院請待付、予相伴罷、

八日、天晴、

藥師如常參詣、

九日、天晴、

當院雪隱へ障子大工平次郎申付出來、

十日、天晴、

齋僧來、予壺口切奉備唯神院殿（吉田兼右）、次拾芥拾〔抄〕三冊表紙出來、龍山様（近衛前久）江持參了、

拾芥抄表紙出來近衛前久に渡す

十一日、天晴、

本所（吉田兼治）寺庵衆へ、茶口切振舞興行了、

十二日、天晴、

智恩寺之内舜把錫双・三重箱、高麗扇子二本、持參也、次黒谷之内栖松院罷、錫双・三ツ組箱、奉書紙
壹束、令持參、
十三日、天晴、
成〔盛カ〕方院爲見舞、出參、
十四日、天晴、
十五日、天晴、
十六日、天晴、
十七日、
十八日、雨降、雷響
於當院碁令興行、利玄坊來、同持參蠟燭十丁、利玄師匠柏一包・堺塩、梅坊昆布一束、法哲油二挺、同道
五六人來、及暮歸也、
十九日、天晴、
廿日、
廿一日、天晴、
龍山樣江、嶋津龍伯（義久）依祇候、予參、及暮歸寺也、

廿二日、天晴、
榮春關東下向ニ付、爲餞儫〔別〕一束、遣之、次樂屋清左衛門來、藥代銀四〆目、遣之、
廿三日、天晴、
廿四日、雨降、
當院年貢米納了、壽等來申付、次田錢參也、孫兵衛一升、新四郎一斗、与三郎一升、彦三郎一斗、
彦二郎銀十一〆目、次栖松院錫双・餅廿・コンニヤク、來、
廿五日、天晴、
嶋田勝吉双瓶・餅・コンニヤク、音信遣之、
廿六日、天晴、
吉祥院地子米三石來、
廿七日、天晴、
廿九日、
卅日、

十一月

一日、天晴、

当院遷宮神供

當院勤行如常、當社兩宮參詣、社造營出來ニ付臨時御供、新造(吉田兼見)二位奉備了、

二日、天晴、

三日、天晴晩曇、

江州海津行誓坊、醫術を學びに來る

江洲海津之内行誓坊昆布二束、持參、醫學依望、當院來、五六日逗留、八冊醫書、一々不審并大成論講義申聞了、

四日、雨降、

宗心壺口切トテ極上ノ二袋持參、於當院則引也、振舞、

五日、天晴、

六日、天晴、

(萩原兼従)民少齋罷、

八日、天晴、

薬師参詣如常、次彦竹へ大根二百本、榮仁貳百本、案中江貳百本、悉遣之了、次氏神之火焼、於当院祝義申付、次新造二位餅三十、進之了、次田中在所江餅・并錫双、持参、

九日、天晴、

三条町勝熊江大根二百本、遣之、塗師浄宗大根貳束、遣之、

十日、天晴、

十一日、曇、

十二日、雨降、

海津行誓坊歸、油煙大形一挺、至宝丹壹貝、遣之、宇治宗善方へ茶代銀子八〆目、相渡了、次家康之内善阿弥方江、大根貳百本、遣之、

十三日、雨降、

十四日、天晴、

十五日、天晴、

十六日、天晴、

於智福院百座秡在之、

十七日、天晴、

龍山〔近衛前久〕様へ祗候、串柿壹把、進上、神恩院令同道也、

十八日、天晴、

慶音母儀來備後ヲモテ二枚、持參、神恩院母儀双錫・三重食籠、持〔參脱カ〕也、次南御方之内、御クリノ御方ヨリ

水引廿把來也、

十九日、天晴、

伏見家康へ爲見廻〔舞〕罷、

廿日、天晴、

妙春大姉三年忌、寺庵へ非時申也、慶音、同小齋、松樂庵、同小者、芳齋、民少豆腐十丁、圓空錫双、若狹錫、左京亮錫、宗利午房三把、慶須錫双、平次郎、此衆也、次音信衆、小七母午房三把、小三郎母豆腐十丁、喜三郎豆腐拾丁、宗心昆布一束、壽等錫・豆腐拾丁、又左衛門昆布一把、弥左衛門大豆黒一升、宗貞錫、此衆ヨリ來、朔日廿一日之齋也、小兵衛二十疋、

廿一日、天晴、

妙春大姉大祥忌志〔眞カ〕齋修行、

廿二日、天晴、

廿三日、天晴、

廿四日、

廿五日、

廿六日、雪降、

祇園妙法院ヘ午刻振舞、

廿七日、曇、

鈴鹿久左衛門所ヘ罷、朝振舞、後段之興行、予二十疋、遣之、松樂庵・民少、令同道也、

廿八日、天晴、

於大東院田樂興行、晩食也、

廿九日、天晴、

大佛之齋ヘ予令出頭也、天龍寺之燒香也、次妙心院ヘ夜振舞ニ罷、

十二月大

一日、天晴、

當院勤行如常、當社參詣、

二日、天晴、
當院之地申付、五懸、喜三郎女房、例年錫・強飯、爲祝義、
三日、天晴、
四日、天晴、
於數寄屋朝食興行、大東院・慶音・松樂庵、
五日、雪降、
壽等例年爲祝義、樽・餅花平・午房、持參也、
六日、天晴、
桃齋年忌
桃齋年忌、周超請僧、
七日、天晴、
當院手作田地修理申付了、
八日、
九日、天晴、
上京、風呂ニ罷、壽等娘依縁付、令合力十〆目遣之、以上廿目借之、此内十〆目也、
十日、天晴、

齋僧來、
十一日、天晴、
当院煤拂申付了、
十二日、天晴、
十三日、天晴、
下男給分十二〆目、同下女三〆目五フン遣、
十四日、天晴、
正月薪申付了、
十五日、天晴、
於妙心院日待也、
十六日、天晴、
十七日、天晴、
清水寺參詣、
十八日、
十九日、天晴、

清水寺參詣

方廣寺大佛殿
鎮守社につき
兼見玄以會談

徳善院(前田玄以)、大佛之地社之事ニ付、二位(吉田兼見)処へ入來、

廿日、天晴、

勝三郎母方ヨリ錫、來、肴・コンニヤク、

廿一日、天晴、

妙春大姉三年忌、去月令追善故、當月指置了、次於神恩院有齋、周珎七年忌之由云、予罷、次柳原殿後室二位使罷錫双・肴・小籠、權大副へ扇子、次大工橘左衛門方より大根ヲシ切盤一枚來、

廿二日、曇、晩雨降、

奥州津輕郡氏子鳥食用中次、三十疋礼也、

廿三日、雨降、

与五郎來午房四把、持參、及對面朝食申付、次平二郎方へ銀子三〆目、遣、吉左衛門方貳十疋、遣了、

廿四日、天晴、

伏見へ罷、家康へ見廻〔舞〕、廉〔簾〕籠輿ニテ罷、家康大佛之社之事尋也、二位へ午黄清心丹被遣、案中ヨリ青帯一筋來ル、

廿五日、天晴、

北野參詣

北野社參詣、樂人備前守子息越前同道也、指樽一荷・唐腐拾五丁・昆布一束・肴也、

廿六日、天晴、

案中江破木一駄音信遣也、御新造二位ヨリ小袖壹ツ給也、

廿七日、天晴、

當院正月之祝義餅申付、次下京之町人之子、藥依遣、歳暮之礼入來、百疋、持來也、次如意庵爲礼綿二把・双瓶・肴・重箱、持參也、三条衣棚町勝熊方茶湯桶一荷來、

廿八日、天晴、

白川之在所者兩人ヨリ銀子五〆目、一人五〆目、藥料來、龍山様(近衛前久)江歳暮祗候申、民少令同道也、

廿九日、天晴、

伏見御茶之御方ヨリ頭巾來也、

卅日、雨降、雷声發、

三久齋來剃刀一ツ、火箸、持參也、次本所(吉田兼治)御女房衆ヨリ温重箱二重來、次嶋田兵衛尉ヨリミリン酒・錫・唐腐十丁・カウノモノ、兩種也、次芳齋十疋、次清左衛門錫双・肴・豆腐十丁・昆布一束、持來也、

〔舜　記　五〕

（禮紙）「

慶長四己亥年日記

薩州八幡社家右京進、諏方社家左馬助十八神道傳受之事、

（朱書）四月十八日豊國社遷宮、」

正月小

一日壬午、雨少降、巳刻晴、

當院勤行如常、行水、當社兩宮參詣、當院被官衆各來、年玉如常、次甚六水引五把、圓空箔扇子二本、（萩原兼従）萩民十疋、（鈴鹿）久左衛門銀子二〆目扇壹本、清三郎扇一本、甚吉十疋、由甫房棗茶入、女房衆水引二把、勝三郎母錫・肴・コンニャク、喜介女房錫・午房、小七母錫・唐納豆二袋、壽等錫・肴・鏡餅二・昆布・唐腐十丁、弥右

衛門唐腐六丁・莖菜一束、小八午房一把、喜三郎女房錫双、次新造三（マヽ）位殿江礼罷、

二日、曇、及晩風雨烈、

左京亮唐納豆二袋、宗碩扇子一本・唐納豆一袋、同道弥扇二本、惠珎大原柿・昆布、次寺庵方へ、予礼ニ罷、

由甫油煙一挺・筆一筆、女房衆十疋、予遣之、次當院被官南在家者來、源右衛門唐腐、与三郎、

三日、雨降、

小七母方へ錫・豆腐十丁・串柿一把、萩民へ十疋・爈蠋〔燭〕五丁、喜三郎女房へ米三升・鏡餅、

四日、雨降、風吹晴、

本所當院（吉田兼治）へ御礼三十疋、次予龍山様（近衛前久）錫・肴・唐腐三丁・昆布一束、御新造江輕粉五筥、貳十疋、嶋田与兵衛午房貳束、貳十疋、

同勝吉青帯一筋、久七扇子貳本、御盃頂戴了、及對面、新三郎扇二本、山本十疋、遣之、次勝三郎母方へ錫・鏡餅・カウノ

物、喜介女房錫・昆布二十本・カウノ物、扇子二本、惠珎十疋、次中間・同弟黒豆二升、大角左衛門尉大豆一袋、持參也、

次河原者來、予ヲフト一足、捧之也、

五日、天晴、

六日、天晴、

萩民江齋ニ予罷、次松坊來、錫双・肴・唐腐十丁・昆布十本、彦作來、扇二本、弥介來、錫双・肴・昆布一・鐵一、

左衛門貳十疋、次伏見へ御方へ水引廿把、遣之、与五郎三十疋、同女房輕粉三箱、弥三郎十疋、同母ニ

鏡餅送之、

七日、天晴、

唯神院(吉田兼右)御供頂戴、次當社御供頂戴、平次郎女房來錫双・肴・唐腐・昆布・錫二ッ、持來、次予方礼返也、久左衛門皮韈一束、清三郎串柿一把、甚七十疋、扇一本、新右衛門扇三本、左衛門尉扇五本、右衛門尉扇二本、左京亮扇二本、□□十疋、同女房衆唐腐十丁、清左衛門錫・昆布一束・カウノ物、遣之、次圓空女房來美濃紙一束、持参、次本所女房ヨリ樽、

八日、天晴、晩風吹、雪少降、

藥師参詣、爲初尾十疋、次本所へ例年之礼三十疋、同女房衆へ輕粉五箱、盃一ッ進之、次宗慶扇子二本、道珎扇子五本、遣之、次聖護院在所宗仲子來、青大豆一升、

九日、天晴、

唯神院殿年忌料米五斗、自新造(吉田兼見)隱居來、次皮堂之住持扇三本、來、繪書弥七扇一本、來、

十日、雨降、

唯神院年忌

唯神院殿年忌齋衆、神恩院・妙心院・智福院・由甫・芳齋・民少(萩原兼従)・齋僧仙介、次福勝寺扇二本、同爲布施貳十疋、送之、トギノ市藏扇一本、次新造二位燒香入來也、同女房衆來、貳十疋・帶一筋、祝義之礼也、

十一日、天晴、節分、
盛方院來、貳十疋・唐木綿一端、次樂人備前守錫三重箱・肴、次白川与三兵衛十疋・昆布一本、同在所者薪一駄、
十二日、天晴、
祇園在所妙法院箔油煙二挺、扇五本、梅坊剃刀一對・扇二本、定林坊扇一本、壽等錫四入・肴三重箱・貳十疋、同女房衆昆布一束、同娘カル水引五把、如宗二本、晩食有、次松坊貳十疋、各遣之、次安〔案〕中法橋來、白砂糖一桶、次雲門庵錫・肴、如例年來、予留守被申置歸寺、次智恩寺住持茶二袋、持參、次宗悦扇二本、持來、
十三日、天晴、
於由甫、振舞朝食、次塗師浄空キッ切一釆十持參、誂重箱出來、次繪書弥七方へ十疋遣之、藥屋弥三郎方へ房〔扇カ〕二本返礼、沈香二分來、
十四日、天晴、
予京へ諸礼罷、近衛殿鳳髓丹二貝、光照院殿輕粉十箱、入江殿鳳髓丹壹貝、光源院鳳髓丹一貝、植首座爉燭十丁、全齋白扁豆卅匁・扇貳本、眞如堂住持貳十疋、長慶青帯一筋・豊心丹百粒、宗悦扇三本、各年玉礼也、

妙心院にて連歌興行

十五日、天晴、

於妙心院連歌百韻興行、愛宕下坊來、三十疋、次彦三郎女房昆布一束、持來、

十六日、雨降、

於當社百度祈念吉兵衛申付了、申次眞如堂納所助天來串柿一袋、貳十疋、持來、

十七日、朝雨少降、午刻過霰下、

伏見へ予礼罷、内府家康扇廿本、嶋津兵庫頭(義弘)扇廿本、青銅百疋、全阿弥貳十疋扇五本、周勢齋貳十疋、持参候也、

十八日、天晴、

愛宕下之坊へ杉原十帖・鳳髄丹一貝、智恩寺住持砂糖一斤、同如意庵木綿曝一端、貳十疋、遣之、次眞如堂之内玉藏坊來、シキシ一束・昆布一束・茶桶箱一ツ・筆一對持参、次神恩院沈香一兩、遣之、

十九日、雨降、

於新造、晩食有、

廿日、天晴、風吹、

松樂庵錫・昆布一束・カウノ物・料地一持、持参、次源使僧仙首座來、扇三本・唐腐十丁、持來、

廿一日、天晴、

於當院本所振舞、次眞如堂之住持來、貳十疋、次兵部少輔後室來、錫・薯蕷三把・昆布一束、持來、

廿二日、雨降、
〔阿〕河野女房衆ヨリ杉原十帖、來、
廿三日、雪少降、辰刻晴、
廿四日、風吹、
新黒谷御忌聴聞、栖松院砂糖一斤・貳十疋、遣之、
廿五日、朝晴、晩雨降、

北野參詣

北野參詣、佐竹九左衛門扇三本、音信、
廿六日、雨降、
廿七日、天晴、
稲葉兵庫殿入來、昆布一束・黒大豆、次善空十七忌也、依及聞圓空方へ三十疋、遣之、次嶋田与兵衛指樽一荷・昆布一本・カウノ物・貳十疋、
廿八日、雪少降、

由甫連歌興行

仙右衛門方錫・肴・昆布、遣之、由甫連歌興行、
廿九日、天晴、
植首座油煙二挺、全齋茶筅、兩人持参及面、晩食用意申付、

二月大

尊覺法印年忌

一日、天晴、
當院勤行如常、下京樂人備前來、晩食申付、次栖松院錫・昆布一本・串柿一把、持參、次藤永坊水引十把、次尊
覺法印年忌米壹斗來、
二日、天晴、
田中在所者來、爲茶料錢壹貫文・錫・昆布一束、來、
三日、天晴、
四日、天晴、
龍山様〔近衛前久〕御成樽代三百疋、杉原十帖、同新造百疋、同孫大―筆墨、同嶋田与兵衛指樽、同勝吉コキ一膳、坊意〔念〕扇、倉
光〔カ〕主水佑扇・墨、持來、次如意房貳十疋、帯、
五日、天晴、
伏見家康爲見廻〔舞〕會、次嶋津龍伯〔義久〕百疋、次幽齋〔長岡玄旨〕三十、晩食有、
六日、曇、

龍山様ヘ御礼、民少齋(萩原兼従)有、及亥出京一宿、及晩大雨降、
七日、天晴、
八日、天晴、初午、
相國寺之内長得院ヘ朝食振舞、神恩院同道也、次午刻全齋晩食振舞、
九日、天晴、
朝出京、及暮歸寺、
十日、天晴、
神龍院(吉田兼倶)殿尊影依損、表補申付、新造二位(吉田兼見)トシテ寄進、予持令出京誂了、
十一日、天晴、
栖松院・松樂庵、兩人朝食來、次樂人備前來、予色紙三十六枚持參、次幽齋ヨリ杉原十帖・三十疋、
年頭爲礼來、次本因坊扇二本、來、
十二日、雪降、
藥師參詣、
十三日、天晴、
与四郎伏見ヘ使遣ス、次梅坊來昆布持參、晩食在、壽等令同道來、

十六日、天晴、

船橋國賢に孝經講義

於清少納言（船橋）國賢卿、孝經予令讀書了、

十七日、天晴、

清水寺參詣

清水寺參詣、神恩院同道、次平等坊へ昆布・豊心丹、拾芥抄外題遣之、次少將殿扇子、次常樂坊扇、令音信了、

十八日、天晴、

神龍院殿表補出來、自本所銀子五〆目寄進也、

十九日、天晴、

神龍院年忌

神龍院殿御年忌、齋衆神恩院・妙心院・智福院・由甫・松樂庵・民少・壽等・圓空・惠珎、如此衆也、本所ヨリ齋料米壹斗來也、

廿日、天晴、

圓空所へ寺庵衆請待也、朝食振舞、嶋田与兵衛へ龍山樣御成ニ付、予令祗候、爲持參再進鉢・ウスカワ廿入、送之、次海津之行誓坊上洛青銅三十疋・銀子三貫目、持參也、

廿一日、天晴、

於當院、行誓坊へ振舞、民少相伴、予・由甫、依振舞罷、朝食也、

廿三日、天晴、
大佛之新社へ二位卿(吉田兼見)御越ー予罷出ー木食上人三十疋・鳳髓丹、
廿四日、天晴、
伏見へ音信、与十郎遣、茶一桶・小籠遣之、爲返事油トクリ蠟燭來、次木食弟子扇持參也、
廿五日、天晴

北野參詣

北野參詣、同永仁杉原十帖持參也、伏見へ幽齋(長岡玄旨)女房衆江、杉原十帖、水引音信、
廿六日、天晴

東寺塔落雷により半燒

神恩院へ齋罷、無量院殿依年忌、齋僧布施卅錢遣、次及晩雨降雷鳴、東寺塔半分燒、依雷火燒了、
廿七日、天晴、
光源院圭藏主引合二帖來、
廿八日、雨雪交降、
龍山様祗候申也、
廿九日、雨降、
光源院圭藏主へ油煙遣、次勘七方貳十疋、

卅日、天晴、
大東院本所御出、予罷也、左京亮方ヨリ錫來也、次平二郎、銀子一〆目貳十疋、女方ヘ錫双・肴、遣之、

三月小

一日、辛丑、天晴、
當院勤行如常、當社參詣、次大佛社黄衣神人三人來、錫双・肴・唐腐、塗師浄衣棗茶入持參、次二条町尼公三十疋持參、小三郎母方ヨリ錫・強飯、來、次大佛社神人衆清左衛門妹聟貳十疋、持參也、
幽齋(長岡玄旨)ヨリ唐木綿二端來、
二日、天晴、
近衛殿(信尹)御新造ヘ錫・肴・強飯・唐腐、進上申也、
三日、天晴、
四日、天晴、
内藏助兄弟來指樽・昆布・索麵、晩食、

五日、雨降、

有意子來、貳十疋、民少（萩原兼従）取次慶長兵衛母儀ヨリ薯蕷來、

六日、天晴、晩雨降、

七日、天晴、

八日、天晴、晩雨降、

菊亭殿（今出川晴季）、新造二位卿ヘ入御、予罷出、内藏助兄弟來、香爐持參也、

九日、朝晴、

十日、天晴、

十一日、雨降、

予出京、

十二日、

十三日、

十四日、雨降、

廿五日、天晴、

賀茂祝ヨリ菓子一折來、

廿六日、天晴、
嶋津兵庫頭〈義弘〉へ菓子折遣、
廿七日、天晴、
東寺巫一人・河内八座神人五人、爲礼來、西院神人・江州神明神人、來、予爲礼各ヨリ壹〆礼也、
廿八日、天晴、
丹州小原巫・同夫兩人來、兩本所江礼也、百疋礼也、予杉原十帖・扇、捧之、晩、眞如堂住持脈也、罷、晩食有、東陽坊弟子ニ扇遣也、
廿九日、天晴、
下京町人油屋五郎右衛門癩病寮〔療〕治、

閏三月小

一日、天晴、
當院勤行如常、當社參詣、下坊之乳母杉原十帖、守之爲礼來也、

二日、天晴、
甚六勘七兄弟來糒三袋持参也、樂人備前錫・肴・三重箱、次㵝〔装〕束銀子百六十一文目二分相渡也、
次下京油屋療治有見廻〔舞〕罷也、
三日、天晴、
塗師浄宗女房來、錫双・餅・和布二色・肴、持來也、
四日、天晴、
叡山大會、爲聴聞登山、同道大東院・慶音・松樂庵、三人也、正教坊令一宿了、勅使日野弁〔輝資〕、

叡山大會につき登山

五日、雨降、
日吉社参詣、
六日、雨降、
伏見へ与介遣、
七日、天晴、
嶋津龍伯〔義久〕國ヨリ書状來、大汝八幡・諏方兩社家者、令上洛來、爲礼貳百疋、次賀茂氏人之内雅樂助來、扇子一本、齋アリ、

嶋津義久より書状

八日、

朝齋、午刻雨降、黄衣神人三人來、美濃紙三束、持参也、次藥師参詣如常、
九日、天晴、
於由甫、此興行、次小原巫來、素麵・甘淞一包、次大工橘左衛門、本所申入、晩食令用意、予罷、
料紙一束・扇遣之、次石田（三成）治部少輔与七人大名衆、伏見申合在之、然共扱（ママ）内府家康ョリ中尒（ママ）此事
云々、治部江州佐保〔和〕山城江隠居、

石田三成江州佐和山城へ隠居

十日、天晴、
齋僧來、
十一日、天晴、
當院于〔干カ〕茶申付、及兩日出來了、
十二日、雨降、
出京一宿、
十三日、雨降、
十四日、天晴、
下京療治罷、
十五日、天晴、

十六日、天晴、
十七日、曇、
当院藪垣申付、内蔵助母粽持参、
十八日、雨降、
十九日雨降、午刻晴、
廿日、天晴、
伏見与十郎遣、紬一端遣了、次当院茶申付、
廿一日、天晴、
当院藪之番衆今日ヨリ申付、
廿二日、曇、
廿三日、
廿四日、天晴、
伏見家康へ見〔舞〕廻罷越了、
廿五日、雨降、
廿六日、天晴、

當院、幽齋朝食振舞、終日遊也、

廿七日、天晴、

德善院二位（吉田兼見）所江來、浄宗錫・餅、持參也、

廿八日、天晴、

日本書紀書寫叡覽

塗師甚左衛門來葛袋、持來了、次禁裏日本記〔紀〕神代上下之巻予書寫出來故、備奏覽也、叡感之義也、

廿九日、雨降、

慶雲母義・妹兩來、指樽一・糒三袋・錫双、次塗師甚左衛門シロ箒一本、持參、次大森忠二郎方ヨリ三重箱・藥料來、次田中者貳十疋、

四月大

一日、曇、

當院勤行如常、社參如常、

二日、

龍山（近衛前久）様へ祇候、嶋田与兵衛ヨリ錫双・強飯・奈良積〔漬〕七ツ、來、

三日、天晴、

植首座全齋朝飯ニ來、次小原へ音信千束、盃來、次神樂衆七人・巫一人、裝束料之銀子七百目、自喜介方相渡了、於當院、備前・左馬允、兩人請取了、

四日、

五日、天晴、

内藏助兄弟衆罷（本ノマヽ）、錫・昆布二束・奈良積〔漬〕、コンニヤク・弟勘六杉原十帖・扇、母貳十疋、遣之、

六日、

七日、雨降、

八日、曇、午刻雨降、

八人巫衆・神樂八人衆、於當院稽古申付、小原巫糯二、上賀茂柳樽二・昆布一束・粽十把・奈良積〔漬〕、次八尾神樂衆指樽一荷、奈良積〔漬〕十、次窪孫十郎扇五本、次千田宗介三重箱、持參、次塗師浄宗方錫、遣之、爲礼扇持參、

九日、曇、

小原巫方へ柳樽・奈良積〔漬〕、コンニヤク・遣了、

十日、曇、

日本書紀書寫

十一日、雨降、
禁裏ヨリ杉原十帖・段子一端、拜領也、依日本記書寫、次塗師浄三盃臺持參、別予長橋殿御房迄御
礼令祇候也、
十二日、天晴、
大佛之社、二位(吉田兼見)社參、予同道也、於徳善院傳奏并勅使宣命使被下御祝出仕申、内儀式在之、
十三日、天晴、
甲賀水口城□小料人里歸、同三郎介始而入來、予方樽代百疋、
十四日、天晴、
西洞院殿(時慶)尋盃一ッ持參、次三条町之勝遊來、錫双・昆布、予留守也、次清右衛門來、白檀十八〆、
十六日、天晴、

豐國社假殿成り遷宮

豐國社歸殿遷宮、
十七日、天晴、

勅使參向

同神社江宣命立、正親町(季孝)中納言(朱書)
十八日、天晴、

豐國社正遷宮

同神社正遷宮、亥刻、

十九日、天晴、
秀頼公御名代、家康社參、
廿九日、
二位卿神社最錢勺初尾、金子一枚、料足十貫給之、

五月

六月大

下御靈社女能あり

一日、天晴、
勤行如常、兩社參詣、下御靈女能在、予見物、慶音・由甫・刑部少輔（大谷吉繼）、同道、
二日、天晴、
大佛久元者礼來、
十六日、天晴、
當院屋根杼〔茅〕葺、大工平三郎申付了、

十七日、夕立降、
十八日、
十九日、
　當院作事首尾了、
薩州八幡社家諏訪社家へ十八神道傳授
廿三日、天晴、
　薩州八幡社家右京進・諏方社家左馬助、十八神道傳受、一七日當院逗留、左兵衛督兼流相傳
也、
廿九日、
　神道相濟伏見江歸、兩人社家扇子五本、水引予把（本ノマヽ）遣了、次大佛齋予出頭也、
卅日、
　宗仁方へ帷・曝一ッ、予持参也、

七月大

一日、天晴、

壽等女房來、錫双・眞桑瓜、持參也、

二日、天晴、

神社へ越立歸也、神樂衆内久右衛門棗子茶入持參、

三日、天晴、

四日、天晴、

照高院（道澄）殿へ見廻〔舞〕、眞桑瓜、持參、

五日、大雨降、

六日、天晴、

藝州社家將監、礼ニ來、百疋、予礼、

七日、天晴、

八日、天晴、

家康爲見廻〔舞〕罷、團扇進物申、次嶋津兵庫頭（義弘）、團扇見廻〔舞〕罷申、晩食有、次本田三左衛門へ菓子折遣了、次連光院ヨリ帷一ツ・樽・粽・カウノ物、礼ニ來也、予依留守申置也、

九日、天晴、

神社ヨリ歸寺也、次白川与三兵衛江、粽・錫双・并カウノ物、遣了、以与介給分銀子十〆目遣了、

十日、天晴、

唯神院殿(吉田兼右)周忌、齋僧惠珎、十疋、布施、

十一日、天晴、

本所(吉田兼治)例年目出度事祝義アリ、予貳十疋、晩神社へ越了、

十二日、天晴、

豊國社にて歌會

於豊國神社へ門跡堂上已下歌會、於徳善院興行、

十三日、天晴、

十四日、天晴、

先祖墓參

當院先祖墓參、本所下行米三斗、晩未刻二位(吉田兼見)參也、

十五日、

十六日、晩雨降、

十七日、天晴、

神社越了、

十八日、天晴、

政所豊國社へ参詣

政所參社、

十九日、

廿日、

廿一日、雨降、

樂人衆ヨリ錫一對、祈禱參也、晩歸寺、

廿二日、天晴、

將監來、大（本ノマヽ）神道次第等申渡了、

廿三日、天晴、

伏見之客來、

廿四日、天晴、

權少副（吉田兼之）所へ見廻〔舞〕、

廿五日、天晴、

於由甫、朝會興行、龍山（近衛前久）様令祗候也、

廿六日、天晴、

於新造、朝食振舞、

八月小

一日、天晴、
豊國神社へ二位(吉田兼見)、予参祇也、早天政所御参詣、二位社参、祈念太麻御頂戴也、
二日、天晴
二位、予、滞留、
三日　天晴、
予歸寺、
四日、
五日、
中國之社家大(本ノマヽ)神道傳受之下行米卅六石請取、同予三石使方給也、
六日、
七日、

八日、天晴、
　藥師塩立如常、
九日、
十日、天晴、
　祇園社家將監來、十八神道始傳受也、

祇園社家將監十八神道を受く

十一日、天晴、
　豊國へ予越了、
十二日、
十三日、
十四日、
十五日、
十六日、天晴、
　八条殿（智仁親王）、豊國神社御社参、同御奉幣直也、幣金箔之四手也三本、當月御縁日付而義也、
十七日、天晴、
　同神前湯立御靈神子・東寺八幡神子、兩人供物等、社家ヨリ下行也、御子兩人ニ六貫文、被遣也、至暮陪從

樂下津前玉垣内執行也、政所社參也、

政所豊國社へ參詣

十八日、天晴、

勅使豊國社へ奉幣

勅使勸修寺殿（晴豊）、同奉幣、勅使勤役也、内々陣作法也、神供三方之膳六膳也、魚鳥如常、秀頼ヨリ御名代京極殿（高次）太刀折紙、内府家康社參、至申刻、伶人舞樂、

十九日、天晴、

四座猿樂内、金春・金剛、兩人、能九番在之、

廿日、

廿一日、

豊國社へ禁中より神樂奉納

自　禁中、於豊國社御神樂有執行、以外大雨神樂最中也、

廿二日、天晴、

二位歸宅、同予歸寺、自二位卿、予鳥目三百疋、給之也、

廿二〔三〕日、天晴、

政所豊國社へ參詣

至晩神社ヘ二位越ニ付、予罷越、政所御參詣也、大坂ヘ御越義付也、

廿四日、天晴、

巳刻歸寺也、在所神事如常、神主卅八人・黄衣神人五人、召寄食申付、予申次之者也、

細川幽齋（長岡玄旨）上洛

廿五日、

廿六日、

廿七日、天晴、

幽齋（長岡玄旨）上洛、

廿八日、天晴、

於禁中、舞樂近年稀樂改仰付了、次武家御所畠山太三郎之忌、於相國寺、御佛寺執行、兌長《本ノ》老《マヽ》於寺執行、陞座南禪寺三長老、拈香相國寺保長老、予不參也、

廿九日、天晴、

二位神社被越了、

九月大

一日、

當院勤行如常、本社參詣如常、朝豊國神社、予罷越了、

二日、天晴、

嶋津義弘豊國社へ參詣

神社へ嶋津兵庫頭(義弘)參詣、宝納百貫、神子拾二貫、予菓子折令持參、
三日、雨降、
四日、雨降、
神社ヨリ歸寺了、
五日、天晴、
神樂衆三人ヨリ、昆布二束、來也、
六日、天晴、
幽齋(長岡玄旨)ヨリ紬一端來、宗齋(木下延俊)栗百、來、喜介女房ヨリ饅頭・赤飯、來、源兵衛栗、持參、
七日、天晴、
長樋町ニテ中付來、銀子四〆目五分代也、妙貞大姉廿五年忌、新造二位卿(吉田兼見)ヨリ銀子一枚下行、
八日、天晴、
豊國罷越、
九日、
重陽於神社參詣、入夜令歸寺也、祇園ヨリ壽等召連歸、
十日、雨降、

佛寺為音信、神恩院錫・柿・燭五丁、妙心院錫・柿、圓空錫・芋・海苔、若狹濁酒、喜介貳十疋、少三郎母錫双、小七母錫、清左衛門炭二俵、与八郎唐腐、平次郎同、宗利味噌、孫右衛門午蒡、久二郎唐腐、三次郎母昆布、各ヨリ來、

十一日、雨降、

寺庵・殿原・外様・地下・南家・並衆、御齋申付、地下・並ハ非時也、及暮喜介十疋、持來也、御新造ハ御女房衆燒香也、佛前十二令具供也、

十二日、天晴、

喜四郎四方綿一把持參也、藥料音信也、

十三日、天晴、

嵯峨祝、治部大輔來、從白川在所祭音信、与三郎餅・錫、同弟同品、田中与三郎同、与三兵衛同、与五郎・同女房同持參也、

十四日、天晴、

豊國神樂衆ヨリ木綿三端、持參也、幽齋女房衆餅、為見舞持參也、

十五日、天晴、

嵯峨祝綿二把、持參也、

十六日、曇、

於當社百度祈念申付、申次神恩院佛事依施入錫濁・唐腐、遣了、次盛方院へ緞子所望來也、

屛風縁也、五尺來、

十七日、天晴、

豊國社罷越、

十八日、天晴、

十九日、

廿日、

廿一日、

廿二日、

廿三日、

神社ヨリ歸寺、本所竹五十本所望也、

廿四日、

廿五日、

廿六日、天晴、

太閤政所大坂より京へ遷る

大閤政所大坂ヨリ京之城江移也、

廿七日、天晴、

神社江越了、

廿八日、天晴、

政所豊國社へ参詣

政所御参詣湯立、兩釜、巫兩人、祝・祢宜・神人、其外下神人迄、帯一筋・韈一束、遣之了、予小袖金色ウラ絹青、被下也、

廿九日、

卅日、

十月大

一日、天晴、

神社罷越、政所為御名代東殿参詣、祢宜・神人、御樽、被下了、

二日、

三日、

四日、
五日、天晴、
當院壺茶、本所入來、晩振舞也、
六日、天晴、
新造二位卿ヘ茶口切ニ振舞、相伴衆、神恩院・慶音・智福院・由甫、朝之興行也、
七日、天晴、
摠〔總〕見院長老入來、樽代百疋、
八日、雨降、
藥師參詣如常、
九日、天晴、
智福院齋罷、豆腐、遣了、次下坊乳人ヨリ綿一包、來也、
十日、天晴、
十一日、天晴、
十二日、
十三日、

十四日、
十五日、
十七日、天晴、
　豊國罷越了、
十八日、天晴、

政所豊國社へ参詣

　豊國社へ政所御社參、予竹器・樽・菓子、被下了、
十九日、
廿日、天晴、
　准后・女御、御兩人御社參、
廿五〔一〕日、天晴、
　豊國越了、予大坂へ越、内府江爲見廻〔舞〕、蜜柑、進上、
廿二日、
　同徳善院木津柿百、同幽齋〔長岡玄旨〕密〔蜜〕柑、
廿三日、天晴、
　天王寺爲見物越了、同堺罷越、

廿四日、雨降、
大坂令歸寺了、於路次雨降、
廿五日、天晴、
廿六日、天晴、
豊國神樂衆來、錫・餅、持參、神樂衆内弥三砂糖一桶、善三郎榓柑、持參、次祢宜ノ内和泉守夢想
一須持來午房、持來、
廿八日、天晴、
味噌大豆代、同和泉方へ双低〔マヽ〕幷大根二束、遣、
廿九日、
卅日、天晴、
豊國越、宝〔奉〕納鳥目百疋、二位方給也、

十一月小

一日、天晴、

豊國社ヘ二位（吉田兼見）・慶鶴丸社参、次東殿参詣、

二日、雨降、

豊國ヨリ歸寺、

三日、曇、

阿野殿女房衆産也男子、

四日、天晴、

豊國木食上人護摩堂・灌頂堂燒失、社頭余煙不苦也、

五日、天晴、

予歸寺、

六日、

七日、

八日、

西天王御火燒、次光照院殿御屋敷内ニ癩瘡病者アリ、一夢齋女房衆申來ニ付、始療治申付了、

播磨殿貳十疋、遣、

九日、

十日、
豊國罷越了、
十一日、
十二日、
十三日、
十四日、
十五日、天晴、
大坂令下向、晩以外大風雨降、伏見ヨリ船下、
十六日、風吹、
十七日、天晴、
榮仁及對面、當所出分之事申合、内府（徳川家康）訴訟申含、其日平野迄舟ニ而罷上、
十八日、天晴、
豊國迄罷上、
政所参詣、
十九日、天晴、

政所豐國社へ参詣

廿日、

廿一日、

廿二日、

廿三日、天晴、

祝、權少輔〔副〕(吉田兼之)・治部少輔(石田三成)・宮内大輔・中務大輔・主馬允・内藏允・逢〔縫〕助・和泉宗慶、次黃衣衆五人來、朝振舞申付、

神龍院にて連歌興行

廿四日、天晴、

南女代移付壹貫遣也、予歸寺、次百韻連歌令興行、

天神連歌百韻興行

廿五日、天晴、

天神連歌百韻、初尾十疋、令宝〔奉〕納申、次豐國祢宜縫助、夢想連歌興行、予罷、鳥子五十枚、遣了、

廿六日、天晴、

妙心院慶音へ二位請待、予罷、

廿七日、

廿八日、

廿九日、雪降、

十二月大

一日、天晴、
唐木綿十反、政所ヨリ被下也、
二日、
三日、
四日、
五日、天晴、
歸寺、
六日、
桃齋西堂年忌齋僧、
七日、
八日、
唐木綿門前衆手拭遣之、

九日、
十日、天晴、
齋僧來、唐木綿・手拭、遣、
十一日、天晴、
十二日、天晴、
神樂衆、朝振舞、晩夢想連歌磯谷隼人興行、錫双・昆布一束、遣之、

磯谷隼人連歌興行

十三日、
十四日、天晴、
政所様爲見舞、御菓子折上之、東殿康藏主へ水引廿把、次御小袖被下、樂人衆ヨリ歳暮爲礼、
百疋持參、次宇治へ茶代、米五斗渡也、
十五日、天晴、
大東院振舞、二位(吉田兼見)・豊山・予罷也、
十六日、「天晴、」(底本ナシ、今國本ニテ補フ)
伏見江歳暮爲祝義、韈〔足〕一束・錫双・花平餠・午房、遣之、次下女皮付二束、遣之、
十七日、天晴、

祇園妙法院ヨリ箒三本、來、次与五郎昆布、持參、

十八日、天晴、

政所豊國社へ參詣

於豊國社湯立兩人御子大原御子兩人、秀頼立願成、下行米卅五石、政所御參詣、祝・祢宜、御樽餠、被下、伊与方へ綿帽子遣、

十九日、天晴、

塗師浄宗串柿、持來、伊与昆布、來、

廿日、天晴、

□鳥目二百疋、二位方ヨリ給、唐木綿六端、二位方へ上也、喜介使、予豊國ヨリ歸寺、

廿一日、天晴、

豊國江越、妙春年忌ニ依、齋僧恵弥〔珎カ〕布施五十錢、宗貞又右衛門女房來、

廿二日、天晴、

節分、於豊國祈念、

廿三日、雪降、

令歸寺、三位ヨリ米十五石給、小七方ヨリ錫双・肴・中方〔本ノマヽ〕、

廿四日、

社へ米九石五斗取遣了、次孫七一石遣了、少二郎錫双・コンニヤク、來、
廿五日、天晴、
与介伏見へ遣也、塗師浄宗・定關、折敷足付・椀・皿持來也、黄衣者五人、甚左衛門韈一束、喜三郎大栗、与吉昆布・綿帽子、与三串柿、久兵衛串柿、晩食進了、次由甫へ炭・茶大袋、
廿六日、天晴、
無量院殿燒香、沈香捧之、次拂折、儀兵衛串柿、持來、祇園妙法院同上、持來、次二位殿へ錫双・肴・串柿・昆布、女房衆輕粉送之、
廿七日、天晴、
當院正月事始、併持參、神樂衆内久兵衛錫双・昆布、彦次郎串柿、持來、大工与一間鍋、持參、次大工傳右衛門田樂倚爐、持參、
廿八日、天晴、
龍山様(近衛前久)令祇候、拂論(ママ)、助大夫串柿、來、栖松院昆布、來、樂人備前守方樽・肴・串柿・午房、遣之、使孫七、大工平次郎二十疋、橘左衛門二十疋、
廿九日、天晴、
當院簀戸串付、上賀茂宮内大輔昆布、治部大輔串柿、宗慶榓柑、徳尾七衛門串柿、持來、孫左衛門

錫双・唐嶹、持來也、大工与二郎十疋、遣之、三条茶屋十疋、遣、鍛治三右衛門九疋、遣、

卅日、天晴、

豊國越了、賀茂宮内大輔炭、遣之、嵯峨治部大輔貳十疋、遣了、光照院殿ヨリ杉原十帖・扇十本、被
下之了、

慶長四年四月十七日午刻、於新社假殿前ニテ、宣命使正親町中納言（季秀）、讀□白声ニテ常ノモノ
云ノ如也、先撤太刀シテ□□□直ニ子リ□□内迄ナリ、一揖ノ後被讀𠋽〔候カ〕、次ニ□左兵衛
佐出一揖、□其後、左兵衛佐□、簾中へ入テ治テ出、次ニ正親町奉幣、左馬允持參𠋽〔候カ〕、
次ニ如元練返𠋽〔候カ〕、練已前ニ傳奏・勸大（勧修寺晴豊）・久我（敦通）衣冠ニテ、東ノ方ニ立、被見候、奉行衆ハ徳善
□佐野彈正被居候、
其外中村式部少輔・幽齋等□仕立ニテ出候、吉田二位ハ見合実見ノ躰也、祭主也、
左兵衛□黒キ例袍也、今日豊國大明神ニ成ルヒ（ママ）申□也、宣命練已前ハ大外記ツ、ラノ蓋
ニ入テ持候、使請取笏ニ持添候、
十八日、天晴、遷宮、亥刻ヨリ着座アリ、旧例ハ無之、今度高相ノ儀ニ依テ被定、菊亭右府（今出川晴季）・勸修

大納言・日野（輝資）大納言・久我大納言・廣橋（兼勝）大納言・美（華カ）山（家雅）中納言・万里小路（充房）中納言・藤宰相（高倉永孝）以上七人也、假殿ヨリシルシノ□奉リ、祢宜衆榊ヲ覆、神殿ヘ奉移由候、

十九日小叙位之記ヲ大内記持参、上卿西洞執筆、三木・中山（慶親）・日野奉行傳奏、勸大・久大、神前ヘ被参次第可尋之、大外・少外記ト貝照（本ノマヽ）□内ヨリ正一位豊國社年号月日、執筆書ハ小折紙ニハ日月無之、

右見西洞院時慶卿記破片、

〔舜記　六〕

「（禮紙）慶長五庚午年日記」

正月

一日丙午、天晴、

政所豊國社へ参詣

早旦行水、祈念如常、豊國社江参詣、去年ヨリ二位（吉田兼見）被越付、予罷越、政所早朝御参詣、奉納千疋、祝七人小袖、神官万（百カ）疋、巫小袖箔、被遣了、予二位へ三十疋持参、惣神官二位へ礼、祝七人一人五十疋宛、祢宜十九人三十疋宛、神供所十人二十疋宛、巫・神樂衆十六人十疋宛、於新殿、慶鶴丸、惣神官盃下給、予看遣之、

二日、天晴、丑雨降、

木食上人へ予二十疋、祝衆へ予礼、

三日、雪降、

秀頼使者豐國社へ參詣

秀頼爲御名代、若狹少將（木下勝俊）參詣、太刀一腰・青銅百疋、自神社予歸寺、由甫筆二對、女房衆水引二把入來、

四日、雪降、

龍山様（近衛前久）へ令祗候、龍山様へ四入錫・肴・昆布一束・唐腐十五・漬干二貝進上、御新造輕粉五箱・栗百、嶋与兵（嶋田与兵衛）二十疋・密〔蜜〕柑一籠、勝吉（嶋田）綿帽子壹ツ、山本十疋、孫太郎香箸一ツ、小性衆扇二本、念光主水祐〔佑〕二十疋、及御對面御盃下給、塗師淨宗錫・唐腐、同來、次神供所下男四人、二十疋、遣之、

五日、天晴、風雨降、

政所様へ予進上杉原十帖・小扇二本、金、東殿江五十疋、梅丸へ韈一束、次當院被官、朝食如例年、召寄了、圓空十疋、同女房衆鳥子五十枚、持參、於大雲院夜遊有、予罷、

六日、天晴、

伏見へ音信輕粉五箱・錫双・肴・柿一把・筆二對・唐納豆一桶、下女二十疋、次彦竹扇二本、持來、次小七・少三郎・喜介・女房各へ錫送之了、喜三郎餅鏡・米三斗、遣之、次神社へ越了、

七日、天晴、

今日祝義神社新宅於而申付、木食上人ヨリ三十疋、來、次豊國へ奉納、祢宜十九人番替奉行、二位ヨリ申付了、

八日、天晴、

早旦、大坂罷下、權少副兼之(吉田)、神供所神人二人召連、次神供、次伏見ヨリ船下、酉刻終大坂へ着岸、

九日、天晴、

内府家康、茨木江鷹野被出、暮ニ及歸城、

家康茨木へ狩

十日、天晴、

内府へ予百疋持參、二位爲名代權少副兼之太刀折紙、次神供上之畢、一次申刻、船罷上了、森口一宿、次唯神院(吉田兼右)殿依正忌齋之義宗喜申付、神恩院・妙心院・智福院・由甫、請僧福勝寺爲布施二十疋、遣之、此義申付了、

十一日、天晴、

森口ヨリ馬罷上、於豊國此旨二位卿へ返事渡申了、予歸寺了、次眞如堂住持二十疋、宗悦茶先〔筅〕二、東陽坊弟子扇三本、下坊三十疋、來、

十二日、雪雨降、

在所ニ而侍共方へ扇子二本、圓空同柹一把、左衛門尉同扇二、喜介扇二、久左衛門（鈴鹿）扇一・茶筅、清右衛門二十疋、久次郎扇二、此分遣了、

十三日、天晴、

祇園衆へ礼、妙法院三十疋、扇五本、梅坊扇二本、帯一筋、壽等四入錫・肴・昆布一束・柹一把・二十疋、同女房綿三十目、和泉扇二本、松坊綿帽子一ッ、遣之、豊國越、

妙心院にて連歌興行

十四日、天晴、

晩歸寺、於妙心院、連歌百韻興行、

十五日、天晴、

神社越、予留守方庵ヨリ白綿五兩來、

十六日、雨降、

神樂衆之内、久衛門棗茶入レ持來、

清水寺參詣

十七日、天晴、

清水寺參詣、玉藏坊帯一筋、シキレ一ツ、昆布一束、持參、予留守、下京宗齋再進鉢一ッ持參、

政所豊國社へ參詣

十八日、天曇、

政所御社參早天、及夜歸寺也、

十九日、雨降、
黒谷之内栖松院棗茶入持參、神社越畢、
廿日、雨降、
廿一日、天晴、
湯立御靈河子・東寺御子兩人申付、政所忍社參、
廿二日、雨降、
廿三日、雨降、
廿四日、天晴、
京都初礼、近衛殿（前久）鳳髓丹二貝、御對面、光照院殿四入錫・肴・豆腐十五・昆布二束、藥二貝、進上、眞如堂住持四十疋、宗悦扇二、東陽坊弟子里方一貝、玉藏坊カン鍋箱入、盛方院（吉田浄慶）二十疋、同女房衆水引五把、安中（案）綿帽子一ツ、等運帯一筋・扇二、一夢齋扇三、同播磨二十疋、大森忠次郎扇三、光源院扇一スヱヒロガリ、長徳院茶碗一ツ、扇二、
塗師浄宗二十疋、

前田玄以百韻連歌興行

廿五日、天晴、
於豊國連歌百韻、民部（前田玄以）興行、予越畢、次宗喜爲名代、北野參祈念申付、次与五郎五十疋、同女房二十疋・錫・昆布・餅鏡二、（ママ）

廿六日、天晴、
廿七日、天晴、
伏見越、嶋津兵庫頭(義弘)百疋、同本田六右衛門扇五、遣之、醍醐等圓坊來、錫・昆布・扇五・茶揃二袋、
廿八日、天晴、
廿九日、雨降、

二月大

一日、天晴、
尊覺法印年忌
尊覺法印年忌、齋料一斗來、神恩院・慶音・智福院・由甫、齋入來、次盛方院(吉田浄慶)罷、
二日、天晴、
伏見城松丸豊國神供上申、予扇廿本、進上、次遠山加兵衛尉二十疋、遣之、晩食振舞、
三日、天晴、
朝於神恩院、二位卿(吉田兼見)振舞、登山、予、参晩出京、
四日、天晴、

祇園妙法院來三十疋、カウノ豆一桶、次松坊錫双・豆腐十丁、次常樂坊扇、持來、次豊國神樂衆内勝左衛門昆布二束、持來、次安中〔案〕五十疋、扇一、持來、

五日、

七日、

八日、雨降、

藥師塩立、如常晩出京、

九日、天晴、

十日、天晴、

二位卿（吉田兼見）當院へ入御齋、令用意也、晩豊國越了、

十一日、天晴、

十二日、

十三日、天晴、

醍醐等圓坊罷、四入錫・肴・唐腐・唐木綿・コンニヤク、

十四日、

弟子扇・盃遣之、神主慶音扇、一宿滞留、翌日歸寺、

十五日、天晴、

東福寺釋迦像參、同道宮内大輔・治部大輔、

十六日、天晴、

十七日、雨降、

政所豊國社參詣湯立

十八日、天晴、晩雨降、

政所(杉原氏)社參湯立、大原巫女一人、申付、

十九日、雨降、

神社ヨリ歸寺、神龍院殿齋御年忌、早朝同齋、智福院・松樂庵、齋僧兩三人、次社參詣、

廿日、天晴、

神社越、

廿一日、雨降、

廿二日、雨降、

廿三日、

廿四日、天晴、

宗喜・孫七來、大東院扇子、持來、

廿五日、天晴、

廿六日、雨降、

無量院殿年忌坊主一人齋、南禪寺之内語心院和尚筆五對、持來、次壽命院・妙心院、兩人晩食ニ入來、次大工与市碁筒箱申付了、

廿七日、

廿八日、

廿九日、

卅日、雨降、

荏ノ油申付、

三月小

一日乙巳、天晴、

當院勤行如常、

二日、

政所(杉原氏)夜ニ入テ社參、黃衣衆五人ヨリ各錫、來、

三日、天晴、

和泉方錫、來、午房、慶鶴丸乳人二十疋、持來、

四日、天晴、

五日、曇、

神社歸寺、

六日、雨降、

下京病者丸藥煎藥遣了、

七日、天晴、

月齋十七年忌ニ付、錫双・昆布、音信遣了、

八日、天晴、

早朝社參歸寺、刑部少輔(大谷吉繼)在齋、予罷、次光源院端壽西堂ヨリ長頸五對、使「僧」(底本ナシ、國本ニテ補フ)來、同仙首座筆二對、持來、次稻種吉同申付了、次茶薪申付、次召使下女給分且銀子二〆目遣了、

九日、天晴、

神社ヘ越、幽齋(長岡玄旨)豊國ニ一宿、

十日、天晴、
大佛・釋迦佛、銅鑄懸予見物也、
十一日、雨降、
十二日、
十三日、
十四日、
十五日、
十六日、天晴、
神社越了、
十七日、
十八日、天晴、
十九日、
廿日、天晴、
予歸寺、
廿一日、天晴、

當院新茶申付了、浄土寺龍山(近衛前久)へ祗候、於与兵殿晩食在、民少(荻原兼従)同道也、

廿二日、

廿三日、天晴、

廿四日、天晴、

清少納言殿(船橋國賢)へ豊國石船事令談合、予参北野社、船ノ書付見越了、先例之依筋目、豊國社如此、申越了、

奉施入

北野社

石船

明徳四年癸酉十一月廿五日

願主貫有敬白

大工行次

右如銘北野社有之予注之、

奉寄進

豊國社

石船
慶長五年庚子正月十八日
長谷川右兵衛尉守直
右如此豊國石船銘也、
廿五日、天晴、
連歌興行
於由甫房、祈禱連歌二百韻在之、
廿六日、天晴、
於神恩院齋有、二位卿（吉田兼見）登山、次當院藪垣申付了、
廿七日、
廿八日、
廿九日、天晴、
當院井屋祢板葺申付了、湯殿板葺申付、予神社越了、

四月小

一日丁戌、天晴、

當院ニ番手茶申付、歸寺、次去年神官方切手ニ而米來、其内予近江俵六石五斗、喜介方ヨリ請取了、牛六疋申付、當院ヘ取寄也、次六藏一斗三升見遣也、

四日、天晴、

次京ヘ一宿罷出、京ヨリ預道具之内、赤小箱遣了、与一郎使也、次相國寺之内、常徳院寮之内僧秉拂依執行、予爲見廻〔舜〕以宗喜□錫四入・肴・豆腐十二・昆布一束、送之了、次塗師浄宗処、双六盤爲礼二十疋、遣也、

五日、天晴、

聚洛屋舗能、爲見物、予參、大東院令同道、

聚樂第にて能あり

六日、曇、

上京宿ヘ預ケ文箱遣了、

七日、

八日、天晴、

藥師參詣如常、次幽齋(長岡玄旨)筆一束送、八条殿(智仁親王)入御義付如新、

九日、天晴、

大徳寺之内摠〔總〕見院和尚へ爲礼予罷、百疋・糒二袋、繼首座へ鳥子百枚、遣之、

十日、天晴、

二位卿(吉田兼見)・幽齋、兩人當院へ朝食ニ入來、晩神社へ越了、

十一日、雨降、

十二日、天晴、

十三日、天晴、

武多□如意院ヨリ光信香筋、次幽齋へ信國脇指シ見、

十四日、雨降、

去年之豊國遷宮之記、予案文有之、徳善院(前田玄以)依所望令歸寺、

十五日、天晴、

徳善院、神社へ罷越、二位新宅へ入來也、次當院三番茶申付、歸寺也、

十六日、雨降、

神社へ越、

神籬内にて里神樂を奏す

十七日、曇、
於神籬内里神樂執行、神樂人十六人・巫女八人、當社巫也、戌刻、始徳善院社參、陪從神樂ニ相似タリ、人長榊持テ舞也、宗源行事一座兼治勤之、次天度秡二百座、祝六人・祢宜十九人誦之、同音秡一座、午刻、次六十四神燈明□也、次神樂人江、自徳善院下行卅二石云々、次神樂衆予ニ指樽一荷兩種送、

勅使豊國社へ奉幣

十八日、天晴、
大津京極殿(高次)、秀頼爲御名代、早朝參詣、太刀折紙、兼治取請之、納内陣、次奉幣、慶鶴丸勤之退出、次私參詣、京極殿太刀折紙、次神供幣兼治捧之、次内府參詣、太刀折紙神樂有奉幣、慶鶴丸勤之退出、自徳善院歩行也、次勅使日野輝資馬太刀奉幣直也、二拜已下相違也、次退出、勅使束帯也、内府(徳川家康)衣冠檜扇持、

申樂能

家康參内

十九日、天晴、
申樂能、觀世大夫・保昌、兩人、老松觀世、江口保昌、角田川觀世、源氏供養保昌、舟弁慶觀世子、大會保昌、呉羽キリ觀世已上、慶鶴丸、予見物於棧敷也、次内府御參内也、依之奉行衆、能見物不參也、

廿日、雨降、
廿一日、雨降、申刻雨晴、
十八日奉納、鳥目二百八貫、二位新宅倉納之、次祢宜之内与右衛門処ヘ晩食予參、
廿二日、天晴、
巫女・神樂衆ヘ、神樂錢十八貫、令下行、予ヘ二位殿ヨリ五貫給也、當院手造麥刈申付、
廿三日、雨降、
神社ヨリ令歸寺了、日吉祭礼、
日吉祭礼
廿四日、雨降、
廿五日、曇、
豊國宿之作事ニ付、材木於京求之、艮〔銀〕子十〆文・鳥目、孫七・宗民、兩人申付取之、
廿六日、天晴、
宿家造作壁湯殿申付、晩出京、
廿七日、曇、
早朝ニ京ヨリ豊國ヘ歸、大工兩人申付、巳刻雨降、黄衣衆五人來、普請合力松壽院晩食用意、
及暮令歸寺、神樂衆内左馬允芥子一升持來、

廿八日、雨降、
小七母ヨリ節供祝義錫・粽五把、來ル、返礼十疋、遣之、
廿九日、雨降、

五月大

一日癸卯、天晴、
神社へ越、
二日、雨降、
嶋津龍伯(義久)ヨリ使來、羽山權現、早馬大明神同名如何、可有由申來、委理申下畢、權現神、大明神トハ各別之由、申畢、予縮二巻給也、

嶋津義久より權現明神の區別を問ふ

三日、天晴、
龍伯返報弓弦卅弦下之、
四日、雨降、
巫・神樂衆へ艮〔銀〕子六十四文目、湯立料相渡也、左馬允・久衛門、兩人渡之、

五日、天晴、

湯立大原巫女一人申付之、東殿浄藏也、右名代社參、予、祢宜町之造作申付、

六日、天晴、

令歸寺、大工助右衛門ニ三文目四分相渡、

七日、雨降、

南禪寺之内語心院江幽齋(長岡玄旨)振舞ニ付、予參、和尚頭布白持來、次歸雲院筆五對、雲門庵ヘ扇、

八日、天晴、

藥師參詣如常、次由甫女房衆、依靈夢、御歌興行、朝振舞、次豊國祢宜所家料艮子三枚百廿九文目爲大工平次郎相渡也、

十日、天晴、

請僧來、

十一日、天晴、

晩出京一宿、

十二日、雨降、

出京振舞申付、

十三日、天晴、

龍山様(近衛前久)御成、美濃紙・昆布・文箱、御新造帷一・油煙、嶋与(嶋田)兵衛指樽二荷・昆布・油煙・三十疋・奈良浸〔漬〕乚、勝吉(嶋田)青帯筋・薯蕷、主水佑茶筅・二十疋、御孫扇五本、午刻切麥晩食過還御、

十四日、天晴、

爲御礼予早朝祗候、嶋与へ申置罷歸也、次弥勒田地植付申付也、予京ヨリ預白櫃戸返畢、

十五日、天晴、

南御所隨學院殿四入錫・昆布・白瓜・御クリ、御方(吉田兼治)美濃紙十帖、盃、等〔藤〕永坊香筋一ツ、令音信也、

十六日、天晴、晩夕立降、

神社越了、次彦竹齋ヨリ錫双・并一重木、次浄宗女房ヨリ白瓜來、

十七日、天晴、

清水寺参詣

清水寺参詣、

十八日、天晴、

政所豊國社參詣

政所御參詣、

十九日、天晴、

廿日、天晴、

大工橘右衛門死去、
廿一日、雨降、
廿二日、天晴、
豊國宿移徙、
廿三日、天晴、
歸寺又一茶服申付、
廿四日、雨降、
政所(杉原氏)ヨリ最要中臣秘事、二位(吉田兼見)ヨリ申來ル、予調則神社ヘ越、其夜、依幸鶴丸煩歸寺、
廿五日、天晴、

妙心院にて連歌興行

於妙心院、祈禱連歌百韻興行、予少不例也、
廿六日、天晴、
廿七日、天晴、
關東ヨリ榮春上洛、予布壹端令持參也、
廿八日、天晴、
龍山江、幽齋夢想短冊百首致持參、

幽齋出陣用意のため丹後田邊に歸る

廿九日、天晴、
幽齋歸國、依出陣用意也、今朝二位卿、於宅寺庵衆朝食興行、予依蒙氣不參也、
卅日、天晴、夜入雨降、
神樂衆内、弥三見舞來、桃一盃、令持參也、猪左衛門茄子十五、

六月小

一日癸酉、雨降、
當院勤行如常、寺庵衆汁、當院入來、
二日、天晴、
三日、天晴、
四日、天晴、
五日、天晴、
神社ヨリ歸寺、
六日、天晴、

大坂罷下、内府家康為見舞音信、二位(吉田兼見)ヨリ生絹三・勝軍秡進上、

七日、天晴、

予糒袋十、御礼申上也、次徳善院(前田玄以)ヘ予扇子十本、二位ヨリ糒廿袋、音信、次大坂宿ヘ十疋遣ス、

八日、天晴、

罷上於豊國、二位卿返事申了、

九日、天晴、

塗師浄宗所縮巻壹端・銀子五〆目、送之畢、玉藏坊ヨリ白瓜廿來、

十日、天晴、

唯神院(吉田兼右)殿月忌、請僧來、

十一日、天晴、入夜雨降、

十二日、雨降、

豊國祢宜衆十三人晩食申付、晩出京、

十三日、天晴、午刻雨降、

十四日、雨降、

祇園御靈會

祇園會、神輿還幸刻雨降、晩大東院・智福院・神恩院、振舞申付、

十五日、雨降、

西天王神事

西天王神事、豊國神樂四人・巫女四人來、奏神樂、次神樂衆指樽一荷・粽・瓜等、持來、壽等來、次

療治病者ニ藥遣、艮〔銀〕子三文目持來、

十六日、天晴、

神社越、

十七日、天晴、

十八日、天晴、

政所豊國社參詣

政所（杉原氏）社參、夏神服二重御櫃、予納之、増田（長盛）右衛門・徳善院社參、

十九日、天晴、

廿日、雨降、

大供水、巫女・神樂十六人、二位ヨリ蒙勘氣、予申付之、

廿一日、天晴、

豊國庵普請申付、

廿二日、天晴、

兩日普請、

廿三日、

廿四日、天晴、

七人祝衆・黄衣五人、法度書状、予申付、次予歸寺、

廿五日、天晴、晩夕立大降、

廿六日、天晴、

御手洗社參、慶音同道、及暮出京、次蓮光院入來、帷曝百疋持參、

廿七日、天晴、

廿八日、天晴、

廿九日、天晴、

豊國巫女・神樂衆出狀〔書カ〕一通、種々以懇望、社頭へ出仕申付了、

七月大

一日、天晴、

二日、天晴、

豊國巫女・神樂衆、礼ニ來、指樽一荷・肴・粽十把、次一錫双・粽七把・索麺五把・五拾疋・同下女二人・二十疋、次与三十疋、同絁（ママ）三
十目遣了、
三日、天晴、晩雨降、
神樂衆内久右衛門錫双・餅、持參、次祢宜内和泉息甚吉糒袋二、持來、次小三郎母錫双・桃・肴、來、
次傳右衛門錫双・桃、持來、藥屋惣右衛門沈香一兩、來、
四日、天晴、
五日、天晴、

宇喜多秀家豊國社参詣

豊國越、備前宰相（宇喜多秀家）、豊國社神馬立、幣使權少副（吉田兼之）、於拜殿勤社着座、刑部・宮内北方、中書・治部南方、西ノ末祢宜座、
列社ヲ三度、神馬ヲ引廻之時、幣一度三度幣也、次祝戸〔詞〕一反讀之了、退出了、祝義鳥目千疋
來、祝・祢宜・黄衣十五・馬廐者六人、配分也、予遣之、
六日、天晴、
七日、天晴、
備前宰相女房衆ヨリ湯立、大原巫女、申付、東殿同局、爲名代社參、
八日、天晴、
九日、雨降、

湯立料六十四文目巫女相渡也、晩令歸寺也、
十日、天晴、
齋僧來、布布（ママ）三十疋、晩京風呂江罷出、
十一日、曇、
本所（吉田兼治）例年祝義、寺庵已下出仕、予二十疋如例年、

清原宣賢五十年忌

十二日、天晴、
環翠軒（清原）宣賢公五十年忌云々、依極﨟宅、執行申也、次妙佐息僧來指樽大ナル一ツ・粽三袋・桃実、爲肴、
持參、
十三日、天晴、
先祖廟參、下行米三斗、塗師浄土〔宗カ〕素麵七把、神樂久右衛門同、黄衣者五人同十三把、神樂左馬允錫双・素麵五把、來、次龍山祗候團扇、新造粽三袋、嶋（嶋田）与兵部丞素麵十把、持參了、次盛方院浄勝息法眼五十疋、持參也、
十四日、天晴、

家康軍勢伏見に籠る

十五日、天晴、
神社越、天下謀逆露顯、伏見城内府家康軍兵備籠、

十六日、天晴、

十七日、天晴、

清水寺參詣

清水參詣、

十八日、天晴、

毛利内義ヨリ湯立大原巫女申付、艮子二百十六文目、來、神樂衆へ下行四十六文目、遣之、次政所無社參、

十九日、天晴、

廿日、

廿一日、

廿二日、

宇喜多秀家豊國社參詣

廿三日、天晴、

浮田宰相(宇喜多秀家)參詣、奉納金子一枚、於權少副(吉田兼之)所日待、政所(杉原氏)ヨリ祈禱、二位(吉田兼見)申付畢、

廿四日、

廿五日、

廿六日、天晴、

毛利内義ヨリ、湯立五釜、大原巫女申付、銀子五百目・同十二貫、神樂巫女、百二拾五文目下行、

廿七日、天晴、

歸寺、

廿八日、雨降、

寺庵衆終日於當院遊、

廿九日、雨降、

卅日、天晴、

入夜伏見城内松丸燒、

伏見城松丸燒亡

八月小

一日、天晴、

豊國神事如常、次伏見城落、備籠大將鳥井〔居〕彦(元忠)衛門自害、其外軍兵打死、城悉燒、

伏見城落

二日、天晴、

毛利輝元里神樂執行、百廿貫來、役人方卅貫渡之、次政所(杉原氏)ヨリ湯立二釜へ、大原巫女申付之、

同御参詣、神官共ニ帷被下、次予帷二ッ被下畢、

三日、天晴、

秀頼豊國社参詣湯立を奏し奇特あり

秀頼ヨリ御祈禱ニ五釜湯立大原巫女申付、五釜之内一ッメ釜破、又取替居之ニ一度破了、寄〔奇〕特云々、
湯料金子一枚來、巫女下行、艮子百廿五文目、

四日、天晴、
湯立三釜、前日依釜凶事、二位（吉田兼見）方被申付、早天執行、予在所ヨリ越、鳥目拾貫文、巫女神楽衆下行、予依分別、令配分遣之了、

五日、天晴、
二位卿於宅庭白萩盛、寺庵ヘ朝飯興行、予罷、

六日、天晴、

秀頼豊國社へ湯立奏し重ねて奇特

本所寺庵衆朝食興行、次豊國社湯立三釜、秀頼ヨリ立願三釜之内一釜重而破奇特云々、
次白川在所、藤田源助二十疋持來、次予及暮出京、一宿滞留、翌日歸寺、次嵯峨□來、錫・素□、

七日、天晴、
由甫朝飯興行、

八日、天晴、

藥師塩立如常、今日豊國之祢宜衆六七人振舞申付、次京宿預挾箱返之、

九日、雨降、

十日、雨降、

當院油申付、齋僧來、

十一日、天晴、

十二日、天晴、

十三日、雨降、

里神樂役人來、當月十八日神事申定了、艮子三百目、定惣十五人、

二百七十目、越前卅日、約束申了、役四人來入麪申付、次仲右衛門錫双・唐腐十丁・三十疋、持來、

次當院内新助錫双・餅五十、持來、（次當院内新介錫双・餅五十、）〔恐衍〕持參、次湯立三釜、大藏卿ヨリ申來、

是ヲ申付也、

十四日、天晴、

寺庵衆一汁申付入來、

十五日、天晴、

神社越申、

十六日、天晴、

智仁親王豊國社參

八条殿（智仁親王）、豊國社ヘ御社參、太刀折紙奉納、兼治請取納之、神供八条殿ヨリ被參、則御參勤刻納了、奉幣、慶鶴丸勤之、祝戸〔詞〕兼治勤、樂人來付物如常、次京極殿（高次）社參、

十七日、天晴、

早天湯立男巫勤之、一釜、次天度秡二百座、同音一座、次伶人舞樂、午刻始、先伶人四十五人左右之廻廊着、

次乱聲、伶人衆出於廻廊、拜殿之前ニ立向而、盤渉調音取、奏千秋樂一反、廻廊ニ歸着、次振棹三節、

次萬歳樂、六人於〔持脱〕櫻華、

次延喜樂、六人持於菊華、

舞終而華奉納于神殿、

次太平樂、狛鉾、

次陵王、納曽利、

十八日、天晴、

政所豊國社參

早朝政所社參、奉納金子一枚、二位卿良子五枚、慶鶴丸三枚、兼治三枚、祝七人良子一枚ツヽ、祢宜・

神人鳥目一人宛貳貫、被下畢、朝神供奉幣、慶鶴丸、祝戸、刑部少輔(大谷吉繼)、樂人、如常奏之、次湯立一釜男巫一人勤之、

政所御見物、次勅使烏丸大納言宣光(光宣)、馬・太刀・五百疋、兼治取請、神前備之、奉幣勅使勤役、

次里神樂之事、自　禁裏依被仰、延引、

十九日、天晴、

四座之内今春・金剛、兩人勤之、

弓八幡今春、湯谷金剛、山姥金春、三輪金剛、春榮今春、予見物三番、次湯立一釜、男巫、備前中納言(宇喜多秀家)言内儀ヨリ執行、

廿日、雨降、

天度秋、予座、祝・祢宜勤之、百座之通丁(マヽ)時ニ神樂一座勤、千座ニ付神樂廿度也、浮田宰相(宇喜多秀家)祈念申付畢、里神樂依延引如此申付也、

廿一日、天晴、

十八日奉納鳥目四百廿貫、宝殿ヨリ新宅ヘ下也、

廿二日、天晴、

廿三日、天晴、

巫女・神樂衆、湯立神樂下行、二位殿ヨリ請取相渡畢、鳥目九十六貫、艮子二百四十三匁渡也、

次在所依神事予帰寺也、次黄衣五人晩食來、
廿四日、天晴、
神樂衆七人大原巫女一人、祭振舞申付、
廿五日、天晴、
北野参詣、盛方院罷、中將某ヨリ、次晩一宿滞留、
廿六日、天晴、
廿七日、曇、
豊國神樂衆之内、左馬允・久右衛門來錫双・肴・栗・瓢箪二ツ、持來、次孫七材木申付、取遣畢、
廿八日、
廿九日、天晴、
神社罷越、

九月大

一日、天晴、入夜雷声、翌日雨降、

北野参詣

二日、天晴、
三日、天晴、
予歸寺、妙春家修理申付、入夜大雨降、雷声大翌日、
四日、天晴、
五日、天晴、
晩神社越畢、
六日、天晴、
豊國宅、アケシキイ申付、
七日、天晴、
廿一座之神樂、十一日マテ、巫女申付畢、
八日、天晴、
九日、天晴、

政所豊國社へ参詣

重陽節、政所(杉原氏)及暮社參、
十日、天晴、
予在京菊亭(今出川晴季)殿江、二位(吉田兼見)使罷、

十一日、天曇、
二位卿歸宅、予歸寺、次祢宜十八人江神前散錢之奉行申渡畢、
十二日、
十三日、

大津城落ち京極高次高野山に赴く

十四日、天晴、
大津城落、京極宰相(高次)高野山住居、

關ヶ原合戰

十五日、天晴、
美濃堺、於柏原、内府(徳川家康)先勢、福田(嶋カ)・長岡越中(細川忠興)・加藤左馬助(嘉明)、合戰之由、□大□之勢、敗北大谷(吉繼)刑部少輔打死、余吾殿(小早川秀秋)依叛逆也、巳刻也、掉山(佐和山)落城、
十六日、天晴、
當社百度祈禱申付、
十七日、

豐國社へ政所太刀裝束奉納

十八日、天晴、
於豊國湯立二釜、毛利内義・二位卿不參、予一人社中義申付罷越了、次政所ヨリ奉納神劍太刀内々陣納之畢、次御裝束唐櫃一口南内陣納之、

十九日、天晴、

予大津越、先勢至山科郷、悉陣取、

廿日、天晴、

家康大津城に入る

内府家康大津城入、

廿一日、雨降、

予内府爲礼、梅坊罷越、二位卿ヨリ太刀折紙、予直参也、

廿二日、天晴、

豊國爲見廻〔舞〕罷越、其晩歸寺、

廿三日、天晴、

廿四日、天晴、

潤髄圓藥種申付、令出京、

廿五日、天晴、

妙心院にて連歌興行

北野社名代参申付、入夜於妙心院、百韻連歌興行、

廿六日、天晴、

中間与左衛門、米貳斗・錫双・白壁(ママ)、持來、

廿七日、

廿八日、

廿九日、

卅日、天晴、

長束大藏(正家)於江州日野生害、

十月大

一日、天晴、

豊國越、次今度謀反衆三人、石田治部少輔(三成)・安國寺(恵瓊)・小西〔攝脱〕津守(行長)、洛中之大路越、於六条河原首刎、三条橋江梟了、次大藏(長束正家)頸梟、

二日、天晴、

厠作事申付、

三日、

四日、天晴、

五日、天晴、
丹州龜山城幽齋（長岡玄旨）爲見舞越、樒柑鬚籠、令持参了、
六日、天晴、
龍山様（近衛前久）令祗候、及暮歸寺、
七日、天晴、
藥師参詣、
九日、雨降、
十日、雨降、
予壺口切備靈前、
十一日、天晴、
豊國越、宝殿へ政所（杉原氏）ヨリ琴一挺・唐團扇一ッ・装束、其外諸具、御奉納、内陣扉開予納之、
十二日、天晴、
及暮出京、
十三日、天晴、
豊國祢宜之内幡摩〔磨〕韈一束、持來、於本所（吉田兼治）日待祈禱、予罷、應仁記依所望、宮川殿讀之、

十六日、雨降、
於當社百度祈念申付了、大坂下向、神領旁（ママ）之立願也、次田中在所者、炭三俵持來、次豊國神樂衆内善三郎、栗一盃（ママ）持來、次宗喜兄又左衛門ソバ一重、持參、
十七日、天晴、
大坂音信用意ユガケ五具、取遣了、
十八日、天晴、
豊國江罷越畢、
十九日、天晴、
廿日、
祇園妙法院へ、例年大根二百本遣畢、
廿一日、天晴、
廿三日、天晴、
當院年貢納、壽等來申付之、依豊年無引也、宗喜如例年、一石五斗給分遣之、
廿四日、天晴、
及暮出京、

廿五日、天晴、

廿六日、雨降、

幽斎ヨリ使來、大平記二冊讀之、至夜一冊讀、次岩腰刀求付、艮〔銀〕子十匁遣畢、

廿七日、天晴、

廿八日、天晴、

本所へ予壺口切振舞、令與行寺庵衆悉入來朝也、

廿九日、天曇、

於本所茶口切、寺庵衆へ興行、朝也、予罷、

卅日、

十一月大

一日、天晴、

豊國社越畢、

二日、雨降、

三日、天晴、晩曇、

四日、天晴、

早天ヨリ大坂へ下、内府家康へ見舞、

六日、天晴、

内府へ礼、二位方（吉田兼見）ヨリ綾小袖袷一、予榓柑二百五十、上之、一条機嫌、内府御所へ賞翫、各へ下也、次徳（前田玄以）善院江榓柑百五十、予持参也、次城織部ユカケ一、二位殿ヨリ百疋、次遠山勘右衛門三十疋・扇五本、予各持参也、

七日、雨降、

本田〔多〕（正信）佐渡守へ予ユカケ一、二位殿ヨリ小袖スチノ一ツ、次大久保治部（忠隣）へ予五十疋、於役□礼也、

八日、天晴、

早天ニ罷上也、

九日、天晴、

榮仁所へ罷、予榓柑一折令持参也、喜介留主居ヨリ柚十五來、宗齋ヨリ双瓶來、

十日、天晴、

齋僧來、

十一日、天晴、
豊國越畢、
十二日、天晴、
十三日、天晴、
十四日、天晴、
十五日、天晴、
大工來、數寄屋座敷修理申付畢、
十六日、天晴、
智福院へ振舞罷、栖松院江間鍋一遣畢、使孫七、
十七日、天晴、
眞如堂之内玉藏坊双瓶・餅・唐腐・奈良漬來、次嶋田与兵衛錫・餅・唐腐、送畢、
十八日、天晴、
豊國越、一宿滯留、江戸中納言(徳川秀忠)、禁裏へ参内、
十九日、天晴、

秀忠忠吉豊國社參詣

江戸中納言・松平下野守(忠吉)、豊國へ社參、進納百貫、十二貫、神樂下野守五十疋、諸大夫十七貫、及

暮予令歸寺、

廿日、天晴、

道家六郎右衛門晩食、

政所豊國社参詣

廿一日、天晴、

政所〔杉原氏〕社参艮〔銀〕子百目、神納、次石屏風一双御進納、内陣予納畢、

廿二日、雨降、

廿三日、天晴、

山科殿へ兼政六位藏人之事、直談罷、次盛方院へ罷、巨勝子圓藥方、浄慶自筆方藥相傳也、

廿四日、天晴、

當院味噌申付畢、

寺庵衆へ、一汁用意申付、

豊國社にて連歌興行

廿五日、天晴、

北野社へ代参申付、次於豊國祢宜之内和泉守宅夢想連歌百員〔韻〕興行、昆布二束遣了、

廿六日、雪降、

晩出京一宿、

廿七日、雪降、午刻晴、
於京朝食申付、次豊國和泉柿、左近千米、持参、
廿八日、天晴、
廿九日、天晴、
龍山（近衛前久）へ祗候、次朝、道家六左衛門・松樂庵、兩人茶興行申付、
卅日、雪降、
与介給分良子十文目、与次五文目遣了、

十二月小

一日、天晴、
豊國越、照高院殿（道澄）へ祗候、
二日、天晴、
壽等例年之錫・花平餅・唐腐、持参、
三日、天晴、小寒入、

四日、天晴、
五日、天晴、
六日、天晴、
　桃齋年忌、由甫來、
七日、天晴、
八日、風吹、
九日、大雪降、一尺五寸、近年稀也、
　及午刻、予出京、□宗喜礼〔祝カ〕義也、振舞、
十日、天晴、
　齋僧來、次五郎太郎子、爲本服礼來、艮〔銀〕子十文目・錫双・唐腐・午房、持參、
十一日、天晴、
　豊國越、社參如常、神樂衆之内善左衛門子礼ニ來、錫双・肴・昆布一束・榲柑一盆、予盃下、折節巫女
　神樂衆來、以二位（吉田兼見）法度、神官配分之一書尋出候、祢宜祝曰｜、
十二日、天晴、
　當院煤拂申付、

十三日、天晴、

盛方院令對談、予院領身体(マヽ)弟子之事、左兵衛督へ可被申与直語也、次正月事始米、門前被官女房共申付畢、

十四日、天晴、

京へ艮子十文目・破木十束・同貳十疋、次破木十束・同貳十疋(恐衍)、次擔輿出京申付來、代六文目也、

十五日、天晴、

十六日、天晴、晩雪降、

豊國奉納散錢、悉二位亭藏下、并巫女廿五貫下行了、晩民部(萩原兼従)振舞、及暮歸寺了、

十七日、天晴、

十八日、天晴、

政所(杉原氏)無社參故、予不參、申刻出京、一宿振舞申付畢、

十九日、天晴、

神樂之内久衛門、錫双・昆布二束・唐腐、持參、

廿日、天晴、

阿野殿女房衆へ四入錫・肴・昆布一束・唐腐、音信遣了、使新七貳十疋、人夫与三郎十疋給、

政所豊國社へ参詣

廿一日、天晴、

政所社参、奉納艮子百目、二位卿唐木綿、木綿端、慶鶴丸木綿五端、予二端、神官已下帯一筋、惣下給、次幽齋（長岡玄旨）女房衆上洛、予為見舞椐柑一折、次妙春大姉年忌、齋僧布施廿一枚、又左衛門同女房齋米、

前關白九條兼孝還任

次女御腹之太子親王（政仁親王）宣下、於陣座儀式同堂上惣礼、北御所出、

去廿日、關白宣下有九条殿（兼孝）當職云々、武家ヨリ攝家へ被返之始也、内府家康公申沙汰也、

廿二日、天晴、

廿三日、時雨降、

龍山（近衛前久）江祗候申、

廿四日、天晴、

政所へ歳暮為御礼菓子折上申、予祗候、次下坊へ三十疋、予罷、幽齋丹後ヨリ上洛、及面暫雑談、予及診脈、次子息与十郎椐柑、令持参、妙心院宿也、次河野（阿）殿女房衆ヨリ美濃紙二束、音信也、

廿五日、天晴、

北野代官参、孫兵衛申付畢、神樂之内勝左衛門錫双・唐腐、持参、次左京亮殿ユガケ二具、予音信也、

廿六日、雪降、
豊國奉納五貫文、二位殿ヨリ給也、當番内藏允申付來、次左京亮へ百疋持參也、
廿七日、天晴、
當院正月餅申付、豊國魚屋樒柑持來、
廿八日、天晴、
京宿花平百、粟餅五十、遣畢、次京都ニテ、正月用意申付畢、次豊國宮内少輔柿一束來、次黄衣之内、甚右衛門小カニ持參、次神樂廿人ヨリ米五斗持參、小原上野來、
廿九日、天晴、
光照院殿ヨリ杉原十帖・綿帽子青一ツ、勝吉(嶋田)承ニテ□□、次黄衣衆四人喜太郎柿二束、昆布、与吉柿一束、久兵衛同、与三コンニヤク、次中務少輔午旁、惣兵衛美濃紙、次東殿ヲコヤ・美濃紙・昆布、來、次大東院徳利、丹後酒・竪苔一箱、來、次甚六拍袋(ママ)、持來、次鍛治火筋、持來、十疋、遣了、次茶屋茶筅箱入持參、

涌出品

　　むかしいまかしこき法とあらかねの
　　つちより出てあふく御佛　　龍山

三条衣棚町勝熊申付如此御詠歌

〔舜記　七〕

（禮紙）「慶長六辛丑年日記」

（初三丁）「一　四神矛　四本　　一　矢臺
一　案脚　六十脚　　一　扇籠　二
一　太秡案　八　　一　弓　二張
一　幕串　八十　　一　鉾　二本
一　同臺　八十　　一　楯　二帖
一　神前机　三脚　　一　太刀筥
一　同八足（本ノマヽ）脚　　一　御鏡　一
一　濱床　　一　御小袖長櫃
一　羽車　　一　班幕　五帖

一　御帳　　　一　絹幕　十帖

神足久兵衛午房五把、勝龍寺二郎左衛門同三把、次光照院殿ヨリ錫提子一對・茶碗鉢貳ッ、上持上下也、次豊國來、ひしや、次富盛〔森〕衆佐介薯蕷・午房一把、宗仁山芋、平三郎薯蕷一把、喜太郎同一把、喜十郎同、備後午旁一把、次下久世百姓中午旁十把、持參也、

良忠昆布二束、瓦師小四郎指樽二種、此分於當院持來也、次於豊國御房午房十把、音信申也、次夜入内匠別義茶半袋一ッ・錫、持來也、次神樂指樽・薯蕷五把、持來也、

廿九日壬午、微雪降、

豊國樂人屋簾三帖□申畢、次材木屋・松屋五郎兵衛兩人、樽一荷・肴・コンニヤク廿丁・昆布二束、持來、次豊國社ニ（杉原氏）政所爲御祈禱、神道護摩一座執行、次神足百姓中ヨリ午房十把、持來、次菱川助右衛門、藁二丸持來也、」

政所豊國社に祈禱神道護摩執行

慶長六辛丑年愚記

正月大

一日庚子、天晴、

早旦行水、入塩、當院勤行如常、次豊國社へ慶鶴丸・予越了、社役如常、神供一座、樂人十三人奏樂、奉幣慶鶴丸、幣使中務大輔、祝戸〔詞〕權〔副〕少輔（吉田兼之）勤之、次神樂衆八人來、舞扇二本宛捧了、同大原巫・東寺巫・加賀巫二人來、次高作扇二本、新六昆布一束、三条茶屋茶筅一ッ・十疋、遣了、次大工助右衛門木履一ッ、次宿少三郎母如例年、錫・肴、小七母・同喜介女房、同及面盃下了、

二日、天晴、

當社兩宮參詣如例、壽等錫・肴・鉢・餅二、持來、惠弥串柿、來、次京錫双・肴・唐腐・昆布、遣之、次圓空十疋、次刑部少輔（大谷吉繼）油煙二梃、持來、次寺庵衆遊來、

政所豊國社参詣

三日、天晴、
節分、次紹心火箸一、次扇子五本、竹屋民部少輔二十疋・扇子二本、持參、次小七母錫双・昆布一束・唐腐、小三郎母同、喜介女房同・コンニヤク、久助扇五本、遣了、
四日、天晴、立春、
豊國社へ政所(杉原氏)社參、奉納百五十、自二位卿(吉田兼見)小袖一重、良〔銀〕子五枚、慶鶴丸小袖一重、良子三枚、左兵衛尉小袖一重、良子三枚、予小袖一ツ、祝七人小袖一宛、祢宜廿人・掃除・神供所唐木綿二端宛、□一白ツ、配分、巫女八人小袖一ツ、、次幽齋(長岡玄旨)女房衆杉原十帖・香筋一、次松樂庵へ寺庵遊興行三日、大坂ヨリ秀頼様爲御名代羽柴侍從(秀俊)、豊國ニ社參奉納百貫文、二位卿へ小袖一重、慶鶴丸小袖一重、左兵衛尉江神官衆百疋、巫七人良子一枚宛被遣、次秀頼御母(淀君)ヨリ金子壹枚奉納也、
五日、天晴、
當院被官共ニ食也、次龍山様(近衛前久)へ祗候、錫四入・肴・昆布・串柿・鳳髓丹、御新造輕粉五箱、三十疋、嶋(嶋田)与兵衛午房、海松一桶、同勝吉火燧袋一、小姓衆扇、如例年捧之、次豊國祢宜和泉錫双、肴二色、左近・主水・築山・玄吉扇子二本宛、掃除四人尾張・久右衛門・權兵衛・助大夫來、次薫〔黄衣カ〕衆七人來扇二本宛、持來、次左京亮五十疋、
六日、天晴、
於大東院朝食興行、次幽齋女房衆ヨリ綿二把、次南禪寺冲長老筆五對、次本所(吉田兼治)女房ヨリ大徳

利・肴・串柿・昆布、次樂人丹後・越前・播磨、三人・五十疋、持來、次浄宗大皷鉢一、次唯神院殿(吉田兼右)明日七日御供料五升、紀州所持遣了、

七日、天晴、

唯神院殿神供頂戴、次政所へ爲礼、予出京、水引五十把、進上、客人三十疋、梅久扇子、次豊國巫女大原串柿、東寺巫・同御靈巫、昆布、持來、次由甫、同女房串柿、筆、

八日、

本所へ寺庵衆、予二十疋、御女房衆輕粉五箱、次上京アノヤ一桶、柿、捧之、

九日、雨降、

十日、雨降、

唯神院年忌

唯神院殿御年忌、齋僧布施二十疋、遣、次齋料米壹斗來、次燒香二位卿・女房衆・予、五十疋、次齋衆神恩院・慶音・智福院・由甫、

十一日、天晴、

所司代奥平美作守(信昌)、二位卿爲名代、百疋、惣者二十疋、次近衛祗候、鳳髓丹進上、御對面、次盛方院(吉田浄慶)二十疋、女房衆水引十把、法眼扇子五本、次眞如堂住持鳳髓丹、玉藏坊再進鉢・茶碗、宗悦茶筅一扇、次大工与一帯一筋、同女房十疋・扇遣之、次新在家衆柿一袋、

十二日、天晴、

豊國越、宝殿内陣ヨリ五十□甚六使、次壽等所へ錫四入・昆布一束・柿一把・二十疋、女房料紙一束、和泉扇、松坊柿・扇、梅坊筆・扇、妙法院綿帽子、小貳殿香筋一、次大坂へ罷下付、二位卿ヨリ路銭艮子十文目、來、次惣〔總〕見院和尚筆、次内匠允昆布、次阿野殿扇子、次眞如堂住持二十疋、宗悦盃一ッ、次一条カサヤ香筋一、権少副、

十三日、天晴、

早旦大坂へ越了、

十四日、天晴、

徳善院へ予唐納豆一桶、持參、次松田勝右衛門二十疋、梅新扇、遣了、次長井右近江唐納豆一桶、次二位卿ヨリ□、

十五日、雨降、

内府（徳川家康）へ諸礼、権少副・予、罷出処ニ無用之由、上申間延引申、次城織部へ、二位卿ヨリ鳫〔鴈カ〕一、予三十疋、遣了、

十六日、天晴風吹、

内府へ礼、二位卿ヨリ太刀折紙、西尾隠岐守（吉次）取次、

十七日、天晴風吹、
次中納言(徳川秀忠)殿太刀折紙捧之、其日ヨリ淀ニテ一宿、
十八日、天晴、
大坂ヨリ予上洛、栖松院二十疋・扇、來、次弥介錫・昆布、來、
十九日、天晴、
晩予出京、次与五五十疋、同二十疋、同十疋、遣之畢、
廿日、雨降、
廿一日、雨降、
廿二日、天晴、
高嶋行誓坊上洛ニ付、蘇香圓依望調合、爲祝義艮子十〆目也、次民部大輔ヨリ艮子一枚請取畢、
次黒谷法事聴聞、次栖松院二十疋・筆、
廿三日、天晴、
行誓歸付、予方ヨリ帯一筋・藥種三色遣了、次予出京、光照院殿四入錫・肴・豆腐・昆布・鳳髄丹、及御對面御盃被下、次播磨二十疋、光源院鳳髄丹、次長徳院扇子三本、案中白砂糖一桶、塗師浄宗二十疋、同女房昆布一束、
廿四日、天晴、

豊國之祢宜所ニ年頭返遣了、和泉茶一 昆布一束、同□へ左近二袋、同久松匂一貝、築山二袋、佐渡同、内匠扇二本・二袋、水子貳袋、市正同、大原巫十疋、上野油煙一挺、二袋、東寺巫十疋、二袋、御靈巫昆布一束、二袋、賀茂巫小宰相昆布一束、二袋、左馬允二袋、久右衛門二袋、二十疋、遣畢、次民部於宅振舞、次照高院殿へ、鳳髓丹・筆五對、進上、及暮歸寺也、

廿五日、天晴、

壽等母錫双・昆布一束・柿一把・納豆一桶、遣之、次市左衛門女房ニ柿一把二袋、遣之、次尊覺法印廿五年忌、佛事料米貳石、二位殿女房衆ヨリ來、

廿六日、天晴、

佛事買物申付、宗喜遣了、買料酒三斗・噌(ママ)一斗五升・柴二束・午房(ママ)把・五升、次宗利昆布一束、來、次油二升・良子二〆目八分、白川油屋ゟ求之、

卅日、天晴、

權少副廿□饅頭持來、祢宜和泉筆一對、中衆河波子扇一本、山桝一袋、持來、次齋音信衆、圓空錫双、佐介昆布、市右衛門午房二把、小七母大豆一升、

二月小

一日、天晴、

尊覺法印廿五年忌

尊覺法印廿五年忌、於當院執行、寺庵・殿原衆・外樣・中間已下ニ齋、次二位卿(吉田兼見)・女房衆焼香百疋、次齋僧二十疋、布施遣、次佛事料米二石來、

二日、天晴、

盛方院、當院一宿、次長束左京亮始振舞當院入來、夜也、

三日、曇、

四日、雨降、

菊亭殿(今出川晴季)二位名代罷、次淙目(本ノマヽ)へ尋申、縣召ハ諸國者召主領也、(文カ本ノマヽ)參議マテハ主領之、中納言大納言マテハ扌(マヽ)目マテヲ申ス、中文ニハ主領事申被仰之事也、次宇治茶代艮(銀)子五文目分先渡也、次岡崎忠右衛門指樽一荷・納豆五袋、肴・昆布二束・子忠二郎三十疋、次幸鶴丸乳人柿一把、來、

五日、雨降、

蘆山寺内僧田口佐介子僧昆布一束、持來、

六日、天晴、
月次連歌、智福院興行、始予爲使相國寺兌長老罷、予〔本ノマヽ〕更龍五枚、持參、一位方ヨリ樽一荷・肴・臺物一折、次晩出京、
七日、天晴風吹、
阿野殿爲礼罷、油煙二挺、次女房衆へ四入錫・肴・昆布二束・柿二把、
八日、天晴、
藥師立塩如常、次光照院内播磨方ヨリ錫三入・肴・昆布一束・柿二把、來、
九日、雨降、
十日、天晴、
齋僧來、
十一日、天晴、
妙心院にて連歌興行

妙心院連歌祈禱百韻興行、
十二日、天晴、
千本遺教經聽聞、慶音同道、次相國寺植首座筆五双、來、
十三日、雨降、

十四日、
十五日、天晴、
豊國之祢宜廿人來、知行分之事、於當院申沙汰也、次嶋田与兵衛指樽一荷・肴三種、來、
十六日、天晴、
豊國社奉納散錢、去年ヨリ等用祢宜卅人之年數ヨリ青銅八十九貫余請取、次雲門庵弟子扇五本、持來、齋扇來了、
十七日、天晴、
豊國巫女・神樂衆拾六人來、知行分訴訟申沙汰也、同朝神樂衆振舞申付了、次祢宜・同兵部少輔柿一袋、持來、
十八日、雨風吹、
政所豊國社へ参詣
（杉原氏）
政所社參、予社へ越畢、
十九日、天晴、
神龍院年忌
（吉田兼倶）
神龍院殿御年忌齋僧一人、
廿日、
廿一日、

廿二日、天晴、

彼岸入、

廿三日、天晴、

廿四日、天晴、

智福院ニ齋有、次大徳寺摠〔總〕見院ヘ年頭礼ニ罷、長老ヘ扇十本、連首座三本、次光源院弟子棄拂（マヽ）爲見舞予罷、四入錫・菓子壹折、令持參、

廿五日、天晴、

龍山（近衛前久）江令祗候、

廿六日、天晴、

無量院殿年忌齋僧一人申付、次神恩院齋罷、例年榮尊（本ノマヽ）前江捧畢、

廿七日、

廿八日、

廿九日、雨降、

豊國神樂衆久右衛門・与介、兩人來、錫双・唐腐、

三月大

一日、雪降、終日不晴、

當院勤行如常、社參了、喜介方ヨリ錫・草餅、來、

二日、天晴、

豊國黄衣五人者共強飯二重・錫双、來、非時申付、次除拂〔掃〕内彦十郎素麪十把持來、

三日、天晴、

豊國へ越、七右衛門錫・肴二色、持來、次和泉錫・肴二色、來、次除拂〔掃〕相兵衛所へ錫・肴二色、遣了、次平等坊へ扇五本、次十如院へ□麁紙五帖、棗茶入・酒、休圓二貝、予令持參了、

四日、申刻雨降、

豊國ヨリ備大明神へ餅一ツ・錫双、民部方ヨリ來、

五日、

六日、

七日、雨降、

八日、天晴、

宗喜母廿五年忌佛事、於當院調之、予米壹斗遣了、

九日、雨降、

豊國黄衣之内全六素麵七把、持來、

十日、天晴、

齋僧來、次長岡越中殿(細川忠興)、豊前國ヨリ上洛、

十一日、雨降、

十二日、天晴、

政所豊國社へ参詣

政所社參、豊國社ヘ惣神官共花見也、樽廿荷・竹器廿荷、次□引茶・茶樋入、祝同一ッ、祢宜廿人茶桶二ッ、被遣也、予越了、

十三日、雨降、

長岡越中殿ヨリ折菓子來、則東殿息女御コヤヘ送遣了、

十四日、雨降、

十五日、

十六日、

十七日、
十八日、天晴、
豊國社越了、當院二階作事申付、
十九日、
廿日、天晴、
徳善院（前田玄以）上洛付豊國慶鶴丸礼、予罷、鮒卅持参礼也、豊國一宿令滞留、
廿一日、天晴、
予帰寺也、
廿二日、雨降、
廿三日、
廿四日、
予眼中煩也、
廿五日、天晴、
北野社代参申付、
廿六日、天晴、

民部少輔（萩原兼従）息甚助、生害申、左兵ヨリ申付也、

廿七日、天晴、

廿八日、

廿九日、

卅日、

四月

一日、雨降、

二日、

三日、

四日、

五日、

六日、

七日、

八日、天晴、
薬師塩立、予宗喜・小石、兩人申付、
九日、雨降、
十日、雨降、
齋僧來、
十一日、
十二日、天晴、
十三日、曇、
當院手茶申付了、
十四日、雨降、
十五日、雨降、
初葉茶三日マテニ申付了、
十六日、天晴、
八條殿豐國社へ奉幣
豐國社へ八条殿社參、太刀折紙御奉納、慶鶴丸奉幣、祝戸〔詞〕權少副（吉田兼之）勤之、予依眼中煩、不參也、
十七日、天晴、

政所豊國社へ参詣

予豊國越了、政所(杉原氏)社參、良子(銀)五枚奉納、神樂錢良子二枚、次神事之作法、湯立二釜、索(ママ)巫天度秡二百座、同音一座、祝・祢宜勤之、次神道行事依左兵衛督、煩無行法、次政所湯立、御児慶鶴丸太麻持、政所御頂戴也、次及暮大藏卿殿社參、良子二枚、奉納、鳥目十七貫奉納、

勅使豊國社へ奉幣

十八日、天晴、

早天湯立二釜、大原巫女、大坂ヨリ御願主也、次秀頼爲御名代、堅切(片桐且元)市正奉納百貫、奉幣慶鶴丸勤之、祝戸(詞)權少副、退出、次百廿貫七社神樂、秀頼御母(淀君)義御祈念之儀也、次勅使廣橋中納言兼勝、束帯御太刀折紙、慶鶴丸直ニ納之、權少副後見申付、内陣ヘ納、次奉幣、勅使置也、祝戸慶鶴丸勤之了、退出、次朝神供備也、樂人奏樂了、次當日之奉納鳥目六十八貫也、

中樂能

十九日、天晴、

中樂能、觀世大夫・宝生大夫、兩人也、棧敷見物、慶鶴丸水干、祝五人袍、祢宜狩衣、黄衣六人、予見物、次折三合・臺物一、棧敷出之、次能次第、式三番、江嶋觀世、實盛宝生、江口觀世子、熊坂宝生子、百葉觀世、籠太鼓宝生、猩々觀世子、以上七番也、晩雨降、

廿日、天晴、

宝殿奉納、神主散(棧)敷已下之算用、予申付了、

五月大

一日、天晴、
當院勤行如常、次當社如常、次二位（吉田兼見）蘇香圓令調合、十三兩程歟、
二日、
三日、天晴、
豊國社湯立二釜、大原巫女、次巫女・神樂衆、去年ヨリ當年マテ神樂錢湯立已下悉令下行、
四日、雨降、
黒田如水（孝高）ヨリ帷三ツ・大樽一來、令下行、
五日、雨降、
豊國越、予、取次巫女・神主者共柏樽一荷・粽十把來、
六日、天晴、
豊國ヘ越、又晩歸寺、
七日、天晴、

月次の連歌興行

月次連歌令興行、□執筆小原上野申付、次當院三番茶申付、

八日、

藥師塩立如常、

九日、

十日、

齋僧來、

十一日、

十二日、

十三日、

十四日、雨降、

藥院於宅、内府（徳川家康）へ慶鶴丸御礼、帷五ッ進上、予罷出、

十五日、

十六日、

十七日、

十八日、雨降、

豊國越、政所（杉原氏）社參、

十九日、

廿日、

廿一日、

廿二日、

廿三日、天晴、

豊國社にて連歌興行

於豊國、夢想連歌百韻興行、左兵衛督催宮内大輔宅、

廿四日、天晴、

廿五日、天晴、

伏見越□、二位方ヨリ帷二ッ遣之、

妙心院にて連歌興行

廿六日、天晴、

豊國ヨリ歸京、於妙心院、百韻興行、

廿七日、

廿八日、天晴、

由甫坊にて連歌興行

於由甫、連歌百韻興行、

廿九日、天晴、
豊國ヨリ二位歸宅、

六月大

一日、天晴、
當院勤行如常、次又一茶申付、

細川忠興豊前へ下國

二日、天晴、
長岡越中(細川忠興)、豊前へ下國、

三日、天晴、

四日、天晴、
伏見内府(徳川家康)御見廻〔舜〕越、武家御傳一冊令持參了、

五日、天晴、
豊國社湯立大原巫女申付、艮子〔銀〕百目、來、予越了、及晩歸寺、

六日、天晴、

寺庵衆一汁用意、當院入來了、粥興行終日遊覽、

七日、天晴、

祇園會妙心院にて連歌興行

祇園會如例年、次於妙心院月次百韻興行、執筆大原□、次本所□入來、艮子壹枚給、

八日、

藥師參詣、

九日、

十日、天晴、

齋僧來、

十一日、天晴、

伏見越、一宿滯留、

十二日、天晴、

本田〔多〕佐州(正信)へ、豐國之一義申渡了、

十三日、朝晴、

豐國にて連歌興行

於豐國權少副(吉田兼之)宅、月次連歌興行、予罷、及暮歸寺、

十四日、天晴、

祇園會

祇園會祭礼如例年、次東殿新宅振舞、左兵衛督・盛方院・半左衛門・予、四入錫・肴・白瓜、コンニヤク・遣了、次栖松院□錫双・肴・茄子、來、

十五日、天晴、

西天王三所御祭礼、如例年、

十六日、天晴、

十七日、天晴、

清水寺參詣

清水寺參詣、豊國越了、

十八日、天晴、

十九日、雨降、

歸寺了、乘輿、

廿日、雨降、

廿一日、雨降、

廿二日、雨降、

廿三日、雨降、

廿四日、同、

廿五日、

廿六日、雨降、

於當院、大東院・半左衛門、入來、晩食興行了、

廿七日、

廿八日、天晴、

京へ帷一ッ・二十疋、遣了、

廿九日、天晴、

豊國越了、安才〔宗カ〕五十疋・錫双・素麵、遣畢、

卅日、天晴、

七月

一日丁酉、天晴、

豊國神前之御装束取出カサハム也、

二日、天晴、

三日、天晴、

四日、天晴、

伏見内府（徳川家康）へ神道御秡進上、予持参、及晩歸寺、

五日、雨降、

六日、曇、

小三郎宿ヨリ錫双・肴・素麺、來、豊國越畢、

七日、天晴、

豊國へ内府祈禱湯立

早天於豊國湯立、大原上野弟ヨメ、巫女三釜、大原市、依指相（合）、名代、内府家中之女中衆ヨリ内府祈禱之立願也、次政所（杉原氏）ヨリ例年神官共下之上帷被下、祝眞帷一、白一ツ、七人衆同、祢宜廿人、但人充曝帷一ツ、充神樂衆曝一端宛、神供所除掃人・黄衣同一端、次二位生絹帷三ツ、慶鶴丸染帷三ツ、予生絹色紫一ツ曝一端、カウ藏主奉行也、次大藏卿社參、爲祈禱艮子二枚、次神樂衆内藤三（善カ）郎素麺十把持來、

八日、天晴、

案中ヨリ髪刺一ツ來也、

九日、天晴、

歸寺、二位（吉田兼見）ヨリ米五石給也、次二位歸宅、次神樂衆内久右衛門錫双・素麺・肴、持來、

十日、天晴、
齋僧來、良子一文目、布施、次宗二郎折敷廿枚、持來、守良子三文目、來、
十一日、天晴、
京庵錫双・肴・素麺五把・瓜十、□遣畢、次二位殿へ錫双・モロ白酒・肴・素麺・コンニヤク、次本所例年之祝義貳十疋、
十二日、天晴、
龍山（近衛前久）新造ヨリ曝一端給、次嶋田与兵衛尉ヨリ御樽・カウノ物・粽八把、來、次予龍山へ眞桑少令進上、
半右衛門ヨリ瓜卅、來、次与一瓜十、來、次二郎太郎布一端、爲藥料來、
十三日、天晴、
墓參如例年、壽等來、同蓮飯并錫双・肴・眞桑、持來、次孫七ニ帷遣了、次道家六郎左衛門ヨリ素麺五把、來、次塗師宗二郎良子五〆目、折敷料遣了、
十四日、天晴、

先祖靈祭

靈前如常、次代々先祖尊靈諷經、於新造誦之、嚫金二十疋、
十五日、天晴、
於當院、予一人施食一座勤之、次例年之蓮飯・并錫双、從本所來、予少依服痛氣也、
十六日、天晴、

晩夕立、眞如堂住持江脈罷花生ノ小板一枚、予持參、并玉藏坊へ豊心丹二百粒、遣了、次自豊國神供并
政所ョリ蓮飯來、
十七日、天晴、午刻過夕立、
十八日、天晴、
豊國越畢、照高院(道澄)殿へ祗候、
十九日、天晴、
廿日、天晴、
二位殿ョリ照高院殿へ小葛籠、
廿一日、
廿二日、
廿三日、
廿四日、
廿五日、
廿六日、
廿七日、天晴、

幽齋（長岡玄旨）・同女房衆已下、次本所（吉田兼治）・同女房衆悉朝飯ヨリ來、午刻過、餛飩并晩食申付、次女房衆ヨリ

紬一端鳥目貳〆目、給、

廿八日、天晴、

豊國越、二位卿同事越、

廿九日、天晴、

八月

一日、天晴、

予社參、

二日、天晴、

在所ヘ歸寺、

三日、天晴、

豊國越、

四日、天晴、

豊國社領之知行在所へ入部、御修理方在所予申付之、西岡之由、神足・友岡村一宿、神足滞留、

五日、曇、

下久世鄕、西出川・菱川村罷越、及晚雨降、菱川在所、晚食庄屋申付、晚ニ富森江越、一宿滞留、

六日、曇、

岡村鄕越下、神官・黄衣者共配分申付也、及暮豊國へ歸宅、

七日、天晴、

八日、天晴、

伏見へ越、内府(徳川家康)川狩御出ニ付罷歸、慶鶴丸令同道申也、

九日、天晴、

在所へ歸寺、八条殿社參、同臨時神供參奉幣慶鶴丸、祝戸、權少副(吉田兼之)、太刀折紙略也、

八條殿豊國社參詣

十日、天晴、

早天豊國へ歸、伏見内府江社領爲御礼、慶鶴丸令同道越、内府江紅梅板物十反、太刀折紙、次惣神官ヨリ板物廿端、城織部申次也、

十一日、天晴、

十二日、雨降、

十三日、雨降、

富森在所已下洪水指入旨申來也、次淀大橋落、

京近郊洪水淀大橋落つ

十四日、天晴、

十五日、天晴、

(吉田兼見)二位卿女房衆、始豊國へ來也、予三重箱ニ餅申付送之、

十六日、天晴、

十七日、天晴、

前田紀州卅貫奉納、早天社參、次神事湯立大原上野一釜、女勤之巫女、次政所(杉原氏)御社參、金子一枚奉納、十貳貫神樂錢鳥目ニテ來、二位卿(銀)良子五枚、慶鶴丸三枚、左兵衛督三枚、祝十人并惣奉行門・守、兩人鳥目貳貫二百文、一人宛、祢宜衆廿人壹〆八百文一人宛、神供所・神樂衆・除掃神人已下、一貫四百文、都合百五十貫下行、次慶鶴丸奉幣、祝(詞)戸權少副勤之、御幣持慶鶴丸參直政所御頂戴也、次湯立御覽、次上ノ山へ御參アリ、裏門ヨリ御歸也、次及暮大坂大藏卿爲社參、二位卿良子五枚、慶鶴丸五枚、小袖一重、絹帷一ツ、左兵衛督五枚、秀頼(淀君)御袋ヨリ、次祝衆良子十文目、次惣奉行十文目、湯立一釜、次神事作法。｜　天度秡千座、同音一座、

政所豊國社へ參詣

十八日、天晴、

勅使豊國社ヘ奉幣

早天秀頼爲御名代、小出播磨守(秀政)衣冠奉納百貫、慶鶴丸奉幣、祝戸権少副勤之、次幣ヲ左兵衛督持頂戴退出、次湯立二釜、大原上野弟、巫女勤之、大坂ヨリ秀頼爲祈禱也、金子一枚也、大藏卿見物、次勅使万里中納言充房、束帯太刀折紙、兼治請取備神前、奉幣勅使勤役、次祝戸慶鶴丸勤之、次勅使私太刀折紙奉納、權少副請取御簾前捧之退出、勅使奉幣儀式相違、右之方ヘ取ナヲシ、兩度再拜也、次伶人舞樂、午刻樂名如例年也、次宗源行事一座、入夜左兵衛督行法也、

十九日、天晴、

申樂能

申樂能社家出仕、慶鶴丸水干、左兵衛督狩衣、祝五人袍、祢宜狩衣、黄衣者六人、前駈、予見物罷、辰刻始、

同能次第金春・金剛兩人、

式三番金春、高砂金春、兼平金剛、千手重衡金春、狂言依所望金春座弥太郎、朝夷奈狂言也、

尾地浅左衛門申來如新所望、

葵上金剛、融金春、紅葉狩金剛七大夫、養老キリ金春子、各養老ノキリノ中退出也、次見物、八条殿(智仁親王)御忍ニ御覽、幽齋(長岡玄旨)・同女房衆・二位卿女房衆、左兵衛督女房衆已下見物也、次惣[總]見院内連首座火筋一端、持參也、

廿日、天晴、

富森郷罷越、百姓中ニ掟之折紙遣了、

富森郷百姓中、社頭之御普請、其外社頭之於御用木之事者、以此切紙判形可申付候下也、私之爲用百姓使候事少モ不可有之候、此義相違者此方江可申也、

慶長六　八月廿一日　　物奉行神龍院

富森百姓中

次庄屋年寄共へ折紙遣、

富森郷百姓之事、社頭之御普請、其外社家之於御用等之事者、以此判形切紙可申付候、在所ニテ下之、而用百姓被遣候事一切停止候、自然領内已下之普請木者、此方江可有案内候、其時可申付也、

慶長六　八月廿一日　　吉田神龍院

秀椿

佐介

喜太郎

兩三人者、如此折紙遣了、

廿一日、雨降、

豊國へ罷歸、

廿二日、天晴、

二位女房衆已下在所へ歸也、次十七・十八日兩日、奉納神樂錢、都合百四十九貫八百文、二位卿藏納也、

廿三日、雨降、

神樂錢八貫、湯立十六貫二釜、次湯立、米拾石、相渡也、黃衣・神樂衆晩食申付事、

廿四日、天晴、

例年神事如常、次新在家衆鳥目百枚持來、

廿五日、天晴、

富森庄屋秀椿貳十疋、持來、次三十疋、富森在所ヨリ爲礼如此、友岡村下役來、

廿六日、天晴、

廿七日、雨降、

所司代板倉四郎右衛門殿（勝重）へ礼、鳫（鴈）折一合也、持參、同二位卿ヨリ一貫、次晩寺庵衆、一汁爲用

意、當院入來、
廿八日、天晴、
菱川下使百姓之小指出持來、
廿九日、

九月大

一日、天晴、
當院勤行如常、當社參詣、
二日、
三日、
四日、
五日、
六日、
七日、天晴、

二位卿（吉田兼見）豊國へ越、
八日、雨降、
九日、晴、
十日、天晴、
照高院殿へ将監事請申上令祗候也、予松茸十本進上也、晩在所歸寺、
十一日、天晴、
妙貞大姉年忌、齋僧恵珎布施卅錢、次最上所〔齋場〕禱勤、有造營之事、秀頼御母（淀君）儀ヨリ被仰出故悉
造營也、
十二日、天晴、
十三日、天晴、
伏見内府（徳川家康）へ見廻〔舞〕、予木津柿百五十令持來、
十四日、
光源院瑞壽西堂死去畢、
十五日、
十六日、

豊國御藏十二間、予為奉行申付、大工二郎三郎、

十七日、雨降、

富森郷人足廿二人來、普請申付、次大藏大輔(長束正家)一位殿礼始出頭、三荷・三種・肴・鯛十枚・スルメ予以上三色也、

綿五屯、

政所豊國社へ參詣

十八日、天晴、

社參如常、政所(杉原氏)并社參、大藏大輔出頭、

十九日、天晴、

富森人足十三人來、次予脚氣煩、為養生令歸寺了、

廿日、天晴、

光源院瑞壽西堂死去、予香奠三疋、

政所社參湯立

廿一日、天晴、

政所社參湯立二釜、大原上野弟女房申付、

廿二日、天晴、

予為養生石風呂へ令出京、

廿三日、雨降、

九□和尚御年忌、齋僧惠珎來、

廿四日、天晴、

當院内石風呂申付、大工与二郎、彦二郎、及〔兩カ〕人、

廿五日、天晴、

始石風呂燒、爲養生入、

廿六日、曇、

豊國治部大輔來、二重餅持參也、

廿七日、雨降、

富森當年毛付、畠方帳持、佐介百姓三人召連來、

廿八日、天晴、

豊國越了、

十月大

一日、天晴、

二日、天晴、
三日、天晴、
豊國御藏、柱立申付了、
四日、天晴、
富森村所務越、富森分五十七石二斗五升七合、百姓請状出了、
五日、天晴、
友岡村越、一宿逗留、
六日、天晴、風吹、
豊國へ罷歸、
七日、天晴、
在所へ歸寺、
八日、雨降、
藥師塩立、
九日、
十日、天晴、

伏見内府(徳川家康)、關東下向付、二位(吉田兼見)ヨリ道服一進上、予持參、次本田〔多〕佐渡(正信)ヘシリカイ三懸、予扇子十本取次、□遣之、城織部、二位ヨリシリカイ二カケ・棗茶入・扇子五本、

十一日、天晴、

十二日、天晴、

家康關東へ下向

内府家康關東江下向、次豐國御藏壁塗申付了、及暮歸寺、

十三日、雨降、

十四日、

於豐國等圓來、杉原十帖・扇十本・湯次一ツ・茶一袋、持參也、

十五日、天晴、

吉田社齋場所造替假殿遷宮

歸寺、半左衛門折菓子來也、次當社齋場所造替、假殿遷宮、亥刻兼治奉遷、祝、民部定繼、權少副兼之、

十六日、天晴、

十七日、天晴、

豐國越、

十八日、天晴、

政所豊國社へ参詣

十九日、天晴、
政所（杉原氏）社参、二位卿豊國越、次齋場所柱立卯刻、四足門同時、次民部少輔（萩原兼従）装束出仕、予晩歸寺、
廿日、天晴、
豊國越、
廿一日、天晴、
廿二日、天晴、
在所水口利右衛門方ヨリ借用艮〔銀〕子十九貫目息請取也、
廿三日、天晴、
於幽齋（長岡玄旨）、盛方院（吉田浄慶）・予晩食有、
廿四日、天晴、
當院田地麥蒔申付、
廿五日、
廿六日、
廿七日、
廿八日、

廿九日、

卅日、天晴、

十一月大

一日、天晴、

豊國社參詣、

二日、天晴、

令歸寺、

三日、天晴、

四日、天晴、

蓮繡御年忌齋僧來、豊國越、

五日、天晴、

二位卿(吉田兼見)豊國ヨリ歸宅、予晩於民部茶口切振舞、及暮歸寺、

六日、天晴、

七日、天晴、
八日、天晴、
薬師参詣、次因幡堂へ参詣、
九日、天晴、
十日、
吉祥院ヨリ例年來貳石來、平治モタセ來也、
十一日、
十二日、
十三日、
十四日、
十五日、
十六日、
十七日、
十八日、
十九日、

廿日、

廿一日、

廿二日、

廿三日、

廿四日、

廿五日、

廿六日、

廿七日、

廿八日、

廿九日、

卅日、

閏十一月小

一日、

二日、天晴、
三日、天晴、
富森へ越了、
四日、
五日、天晴、
八幡宮へ參詣、於八幡之内法園寺、晩食用意、神足助六同道、
六日、
七日、天晴、
豊國歸了、
八日、天晴、
歸寺、
九日、天晴、
十日、天晴、
予壺口切、二位卿(吉田兼見)別義引棗入、菓子・麩・薄皮・芋・栗、三重箱入遣、次本所入來同道十三人、次富森秀椿錫双・サウメン五把・法輪味噌一重、持來也、

十一日、天晴、
祝衆於豊國振舞申付、權少(吉田兼之)・宮内大・民部・刑部・治部・中務・兵部・大藏・和泉・近江・主水・喜介、以上、次内陣之錢四十九貫四百文、二位殿へ上、甚六使也、殘而六百貫在之、
十二日、
祝衆へ振舞也、非十一日也、人數在右、次友岡庄屋彦右衛門死去告來也、次久兵衛・同子午蒡二把持來也、次嵯峨材木屋〔銀〕艮子五十二文目相渡也、
十三日、天晴、
召使者共給分相渡、久七壹石、千七斗一升五合相濟也、与次同相濟也、与三郎一石同、下□八斗相濟也、次平二郎方へ升〔齋〕爲(カ)礼五升遣之、
十四日、
十五日、
十六日、
十七日、天晴、
長岡玄旨豊前へ下國
幽齋(長岡玄旨)豊前へ下向付筆十對・并唐納豆一桶、煎山桝一徳利、船中へ爲用意持參、同女房衆へ水引卅把、同唐納豆一桶・山桝一徳利持參也、

十八日、天晴、
豊國へ越了、政所(杉原氏)無社參也、
十九日、天晴、
知行所越了、
廿日、雪降、
廿一日、天晴、
神足へ越了、
廿二日、
廿三日、天晴、
豊國迄歸、
廿四日、
廿五日、天晴、
二位卿歸宅、予歸寺、幽齋□罷也、□齋江扇子五本・豊心丹百粒、吉右衛門扇五本・豊心丹百粒、
遣了、
廿六日、天晴、

幽齋同女房衆下國、

廿七日、天晴、

廿八日、天晴、

袮足之年貢二位卿藏入爲奉行、來九日迄日々豊國へ越了、

廿九日、

十二月大

一日、天晴、

二日、雨降、

三日、天晴、

四日、天晴、

五日、

六日、天晴、

桃□〔齋カ〕西堂依年忌齋僧來、

七日、天晴、
八日、天晴、
九日、天晴、
嶋津龍伯（義久）ヨリ音信、縮一巻來、使桑名与介ト申使者也、屋敷之内社之事、申來、二位卿（吉田兼見）ヘ申、
則返事令申了、
十日、天晴、
齋僧來、
十一日、天晴、
豊國越、當院煤拂申付、
十二日、天晴、
神足ヘ越、
十三日、天晴、
同滞留、
十四日、天晴、
富森へ、越了、

節分政所豊國參

十五日、天晴、
豊國へ歸宅、節分、政所（杉原氏）社參也、
十六日、天晴、
十七日、天晴、
十八日、天晴、
政所無社參、
十九日、
廿日、天晴、
廿一日、天晴、
依妙春大姉、豊國ヨリ歸寺、齋僧恵珎布施三十錢、
廿二日、天晴、
二位殿歸宅、予同歸、晩出京、
廿三日、天晴、
廿四日、天晴、
龍山（近衛前久）へ歳暮、爲御祝義、錫双・餅二重、次、朝由甫へ食籠、

廿五日、天晴、
富森佐介芋双(マヽ)、祢宜山芋、在所侍午房二把、下使午房一把、芋、次友岡指樽一ッ、下使午房二把、次豊國黄衣六人信濃柿三束、爲□持参也、晩食申付、次少三郎所ヨリ錫双・肴・赤豆餅一重、來也、
廿六日、天晴、
豊國掃除人之内治兵へ薯蕷二把、助大夫昆布、神樂内彦助素麺十把、弥三指樽、豆腐十、助右衛門瓶二、二十疋、遣、
廿七日、天晴、
當院餅祝義、与一午房三把、神足久兵衛午房五把、幽齋台所人指樽・唐腐・午房二把、源十郎栗・折敷一ッ、次東殿へ錫・肴・素麺八把・法輪味噌一桶、遣、次道家へ午房三把、遣了、
去廿六日、
二位卿例年之錫・モロ白酒・肴・信濃柿六把・コンニヤク廿丁、女房衆へ輕粉五箱、大工平二郎瓶二・カキ・杉若木、爲返礼二十疋、遣、
同廿七日、
神足・富森・友岡三ヶ村之算用悉相濟、勤状等二位卿へ上申畢、
廿八日、天晴、
豊國へ二位卿、爲越年出勤、予越了、

廿九日、天晴、
予歸寺一宿、歳暮礼本所江令申了、
卅日、天晴、
豊國越年、次二位卿女房衆越也、

慶長六

照高院殿、元日詠歌　道澄

一 吾妻ヨリ霞ソメツヽ天下、春ノ至ラヌ方ヤナカラン

慶長六　七月七日之歌也

一 書ナカス言ノ葉草ノ露程モ心ニカケヨアマノ川浪　幽齋

幽齋豊前國ヘ下向時、照高院殿ヨリ

一 思ヒヤル心ツクシノ道ナカラ行ハナクサム方ヤアラナン

幽齋返歌

一 都出ル名殘ハナニヽクラヘマシ行ハナクサム方ハアリトモ

史料纂集〔第二期〕
舜旧記 第一
校訂 鎌田純一

昭和四十五年四月二十五日 印刷
昭和四十五年四月三十日 発行

発行者 東京都豊島区池袋二丁目一〇〇八番地
太田ぜん

印刷所 東京都板橋区氷川町二番地
有限会社 よごえい印刷
内田正敏

発行所 東京都豊島区池袋二丁目一〇〇八番地
株式会社 続群書類従完成会
電話＝東京(971)二五〇八・振替＝東京六二六〇七

舜旧記 第1　　史料纂集 古記録編〔第12回配本〕
〔オンデマンド版〕

2014年1月30日　初版第一刷発行　　定価（本体10,000円＋税）

校　訂　鎌　田　純　一

発行所　株式会社　八　木　書　店　古書出版部
代表　八　木　乾　二
〒101-0052 東京都千代田区神田小川町3-8
電話 03-3291-2969（編集）-6300（FAX）

発売元　株式会社　八　木　書　店
〒101-0052 東京都千代田区神田小川町3-8
電話 03-3291-2961（営業）-6300（FAX）
http://www.books-yagi.co.jp/pub/
E-mail pub@books-yagi.co.jp

印刷・製本　（株）デジタルパブリッシングサービス

ISBN978-4-8406-3330-7　　AI484